Tout pour bien communiquer à l'oral

Groupe Eyrolles
61, Bd Saint-Germain
75240 Paris Cedex 05
www.editions-eyrolles.com

La société Prometis a été créée en 1999,
par Grégoire Cusin-Berche, actuel PDG.

La société s'organise autour de trois pôles :
– Internet, avec quatre portails dont super-secretaire.com,
super-commercial.com, super-comptable.com et super-rh.com.

– Édition, avec le magazine *Office Mag*
et une collection d'ouvrages professionnels.

– Événementiel, avec le salon national des secrétaires et assistant(e)s,
Assist'Expo et ses éditions régionales.

Toutes les couvertures de cette collection ont été réalisées
avec le concours de CartoonBase (www.cartoonbase.com)

© Groupe Eyrolles, 2009
ISBN : 978-2-212-54205-9

Laurence Benatar
Christine Harache

Tout pour bien
communiquer à l'oral

EYROLLES

pr◦metis

Table des matières

V

Introduction

Rien de plus simple ni de plus instinctif que de communiquer avec nos semblables. La preuve, nous le faisons tout au long de la journée sans même y penser.

Selon la représentation schématique classique, la communication met en présence un émetteur désireux de faire passer un message à un récepteur grâce à l'utilisation d'un canal. À condition que le récepteur s'exprime bien, que le canal soit propice et le récepteur de bonne volonté, la communication devrait bien passer.

Or, les ratés dans ce domaine sont nombreux. L'expérience nous le démontre quotidiennement. Les messages émis sont rarement clairs et univoques. Le canal n'est pas toujours le bon. Le récepteur ne se comporte jamais comme un enregistreur neutre qui décoderait sans fautes l'intégralité du message. L'un ou l'autre voire les deux protagonistes peuvent se trouver surpris, irrités et même blessés au cours de ce processus.

Cela va bien au-delà de la simple transmission d'une information d'un émetteur à un récepteur par le biais d'un canal. En effet, en communiquant, l'émetteur ne cherche pas seulement à véhiculer une information. Il cherche à obtenir une action : convaincre, influencer, vendre, faire agir, être obéi, manipuler, se mettre en avant, briller, être admiré, être aimé, faire rire, faire peur, se défendre, attaquer, blesser. Le récepteur, de son côté, est tout sauf un enregistreur passif. Il filtre, trie, interprète, transforme les informations qui lui parviennent. Et elles ne lui parviennent pas toutes. Sans parler de toutes les occasions où il n'a pas envie de communiquer !

Heureusement, il existe des solutions pour améliorer tout cela, pour mettre un peu d'huile dans ces rouages complexes. Notre ambition est de vous apporter ces solutions.

Au cours de cet ouvrage, nous vous proposons de partir à la découverte des trois clés qui vous permettront d'ouvrir les deux grandes portes de la communication orale.

Trois clés pour ouvrir deux portes, nous voici à nouveau face à un paradoxe ! L'explication est bien simple : c'est que chacune a besoin des trois clés pour s'ouvrir.

Les deux portes représentent les deux grandes situations au cours desquelles on communique : en face à face et en groupe. Les deux cas sont bien différents, mais requièrent des techniques comparables.

Ce sont nos trois clés : la gestion du stress ou du trac, la maîtrise de la communication non verbale et la maîtrise de la communication verbale.

Partie **1**

POSSÉDER LES CLÉS

QU'EST-CE QUE LA COMMUNICATION ORALE ?

Communiquer vient du latin *communicare* qui signifie « être en relation avec ».

Bien communiquer à l'oral, c'est faire passer des messages à l'aide d'un langage choisi, en utilisant une voix bien placée, en jouant de ses émotions, en utilisant intelligemment son corps pour que son public, respecté et pris en compte, accepte le message émis et y adhère.

Pour donner le ton à notre ouvrage, jetons un coup d'œil à la manière dont Bernard Werber, célèbre auteur de la trilogie des *Fourmis*, journaliste scientifique de formation, nous présente les étapes de la communication :

« *Tentative*
Entre
Ce que je pense
Ce que je veux dire
Ce que je crois dire
Ce que je dis
Ce que vous avez envie d'entendre
Ce que vous croyez entendre
Ce que vous entendez
Ce que vous avez envie de comprendre
Ce que vous croyez comprendre
Ce que vous comprenez
Il y a dix possibilités qu'on ait des difficultés à communiquer
Mais essayons quand même... »

Extrait de Bernard Werber, *L'Encyclopédie du savoir relatif et absolu*

Évidemment ce n'est pas gagné d'avance, mais c'est tout à fait possible !

Pour comprendre ce qui se passe lors d'un échange entre deux personnes (ou plus), voici le schéma de la pratique de la communication qui met en relief la notion de relation. Cette notion est essentielle ; plus vous prendrez en compte votre interlocuteur et son environnement, plus vous deviendrez performant.

Ce schéma illustre chaque élément du processus qui se met en place entre un émetteur et un destinataire.

Filtres/bruits

Émetteur	Message	Récepteur
Moi	⟶	Vous

Mon histoire,   Canal de communication   Votre histoire,
mon vocabulaire   votre vocabulaire

Ma vision du monde,   ⟵   Votre vision du monde,
Mes références   Vos références

Retour (ou feed-back)
Le contexte de notre échange
Votre façon de m'écouter, vos réactions

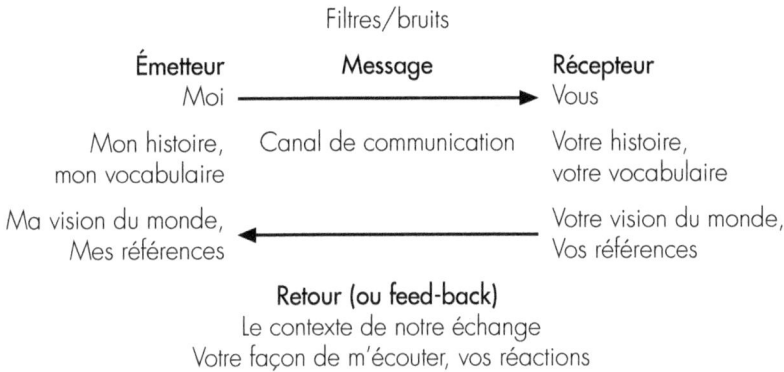

Que signifie ce schéma ? On peut le traduire de la manière suivante :

Un émetteur transmet un message à un récepteur par un canal plus ou moins bruyant.

Lasswell[1] proposa une version verbale du même schéma :

Qui dit quoi, à qui, par quel moyen et avec quel effet ?

Pourquoi ce schéma, pourtant très basique de la communication orale, est-il si important ?

Tout simplement parce qu'il permet d'appréhender les raisons pour lesquelles nous avons du mal parfois à nous faire comprendre ou à comprendre notre interlocuteur. En effet, ce phénomène est lié à la déperdition du message, qui se situe au niveau des filtres et autres bruits divers entre l'émetteur et le récepteur.

---

1. Harold Dwight Lasswell, politologue et psychiatre américain.

Voici un décryptage de ce processus :

Émetteur	Canal (voix)	Récepteur
Ce qu'il pourrait avoir à dire. Ce qu'il veut dire. Ce qu'il pense à dire. Ce qu'il dit réellement.	Ce qui est véritablement prononcé, ce qui est véhiculé par l'air. **Bruit** Perturbations physiques dans la transmission, ce qui parvient jusqu'aux organes sensoriels du récepteur.	Ce qu'il serait prêt à entendre (affectivement, intellectuellement, socialement). Ce qu'il écoute réellement (projet d'écoute, attention). Ce qu'il entend. Ce qu'il sélectionne. Ce qu'il traite (identification des termes et des structures syntaxiques, interprétation). Ce qu'il comprend. Éventuellement, ce qu'il retient. Ce qui pourrait être restitué. Ce qui est restitué.

Le phénomène de déperdition ressort bien dans ce schéma. Soyons tout de même optimistes, car nous constatons que malgré tout la communication orale fonctionne !

Comment est-ce possible ? La communication non verbale et les rétroactions multiples (feed-back) entre les interlocuteurs compensent en partie ces pertes. C'est précisément ce que nous examinerons dans le chapitre sur la clé n° 2.

L'expérience de Mehrabian[1] : la force du non-verbal

Albert Mehrabian, chercheur à l'université de Californie à Los Angeles, a mis en évidence le principe selon lequel dans une situation de communication :

- l'impact du contenu verbal ne compte que pour 7 %,
- le ton de la voix pour 38 %,
- le reste étant transmis par les gestes et les mimiques du visage.

En d'autres termes, le non-verbal l'emporte, et de loin, dans la communication entre des personnes, ou entre une (des) personne(s) et un groupe.

Observons comment il est arrivé à cette conclusion.

C'est dans les années 1960-1967 que Mehrabian, lance sa première recherche, aidé de Norbert Wiener, mathématicien américain et fondateur de la cybernétique. Pour cela, il décide d'opérer en deux étapes.

Dans un premier temps, il choisit trois mots exprimant une relation de douceur comme « mon amour », « merci » et « chère », puis trois mots pour la neutralité comme « peut-être », « réellement » et « oh », et enfin trois mots représentant la colère comme « ne pas faire », « brute » et « terrible ».

Il les fait lire à deux femmes qui doivent tour à tour et pour chaque mot avoir un ton enjoué, neutre et, au contraire, négatif.

Un jury note à chaque fois le degré de gentillesse, de neutralité ou d'agressivité sur une échelle de 0 à 10.

Dans un second temps, Mehrabian choisit un mot neutre : « peut-être ». Ce mot est lu par les deux femmes de façon enjouée, neutre et agressive.

Les juges ont à leur disposition le son et une photo de chaque jeune femme, dans chaque cas.

---

1. D'après CHÉTOCHINE (Georges), *La vérité sur les gestes*, Eyrolles, 2007.

En analysant les notes données par le jury, Mehrabian remarque qu'à chaque fois que les femmes prononcent un mot représentant la colère d'un ton enjoué le jury note le mot comme moins signifiant de la vraie colère.

De la même façon, il remarque que lorsque les deux femmes prononcent un des termes exprimant la neutralité d'un ton agressif c'est le ton de l'agressivité qui est pris en compte plus que le contenu du terme pour donner une note. Il en déduit donc que le ton de la voix est plus important que le mot.

En prenant maintenant les photos des deux jeunes femmes pour analyser l'expression qu'elles avaient lorsqu'elles prononçaient les différents mots précédemment décrits, il constate que leurs mimiques et l'expression de leurs gestes donnaient en fait le véritable sens aux mots et à l'intonation de la voix.

Il était alors facile de montrer, au travers des notes du jury, que les mimiques du visage comptent plus que la voix et que le sens du mot.

Pour intéressante qu'elle soit, cette expérience de Mehrabian laisse quelque part un goût amer. En effet, dans la réalité quotidienne, on ne parle pas seulement par des mots. On fait des phrases. Il y a des verbes et des adverbes qui griffent le cerveau, et surtout un rythme, un débit de mots et des silences qui font toute la différence. Dans ces conditions, peut-on vraiment admettre l'hypothèse qui voudrait que, finalement, le verbal compte peu, alors que le ton de la voix et la gestuelle seraient les vrais éléments signifiants de la communication ?

Cette fragilité de la démonstration a bien évidemment attiré le regard de bon nombre de chercheurs qui n'ont eu de cesse de démontrer la faiblesse du raisonnement, agacés qu'ils étaient par l'écho que les journalistes et les consultants en communication donnaient à cette loi du **7 % pour le texte, 38 % pour le ton de la voix, et le reste pour la gestuelle.**

Ainsi, en 1968, un groupe de chercheurs spécialisés en communication s'est attaché à refaire l'expérience de Mehrabian en utilisant non seulement des mots isolés, mais aussi des phrases complètes pour exprimer le bonheur, la neutralité et l'agressivité.

Alors que l'on voulait démontrer que la communication verbale était plus importante que ce que voulaient bien laisser entendre les dires de Mehrabian, on arriva cependant à la même conclusion.

Le non-verbal se mesurait, de façon très significative, plus importante que le verbal.

Par exemple, dans une échelle de notation de 1 à 9 (1 très hostile, 9 peu hostile), on remarqua que le message hostile, prononcé sur un ton amical, arrivait à enregistrer des notes allant de 6 à 7, dépassant largement la note de la moyenne (4,5).

À l'inverse, le message d'amitié délivré par une personne peu sympathique avec un ton de voix agressif donnait des notes voisines de 4 à 5 !

En conclusion, Argyle arriva au constat suivant :

> *La communication non verbale est douze fois et demie plus puissante que la communication verbale.*

Gérer le stress, avoir confiance en soi

LA COMMUNICATION ORALE ET LE STRESS

Nous venons de voir dans l'introduction combien il est difficile de communiquer efficacement. En plus des critères évoqués, un élément très paralysant vient parfois nuire à votre expression, c'est le fameux stress ou trac.

Vous avez envie de vous sentir à l'aise dans votre pratique de l'oral ? La première étape est d'évaluer votre niveau de stress, de savoir comment il se manifeste et ainsi de pouvoir le combattre.

Dans un premier temps, un quiz d'autoévaluation va vous aider à mieux vous connaître. Ensuite, nous vous proposons plusieurs outils à tester dans vos situations de prise de parole, aussi bien dans votre vie personnelle que dans votre vie privée.

La citation qui donne du courage avant de prendre la parole :

« Si vous n'avez pas le courage de le faire alors faites-le sans courage ! » *Anonyme.*

11

Les symptômes du trac

Augmentez votre confiance en vous ! Comment ? Apprenez à détecter les manifestations du stress dans un premier temps. Ensuite, dressez la liste des solutions à adopter pour combattre vos craintes.

Lors d'une intervention orale, des manifestations physiques se mettent en place à cause du stress. Identifions-les en premier lieu pour savoir ensuite comment les éviter.

Vous voilà face à votre public, ce public peut aller de une à plus de cent personnes ; votre corps déclenche les réactions suivantes :

- votre bouche se dessèche et votre voix devient plus aiguë (moins de salive, gorge contractée) ;
- votre rythme cardiaque s'accélère et votre respiration devient irrégulière (les muscles de la poitrine se contractent, les bronches se dilatent, la production d'adrénaline se déclenche) ;
- vous avez besoin de vous rendre aux toilettes plus souvent que d'habitude (votre vessie se relâche) ;
- vous êtes constipé et vous avez des crampes d'estomac (les muscles se tendent) ;
- vos mains deviennent moites (les pores s'ouvrent et la sudation augmente) ;
- vous vous sentez inquiet et votre estomac gargouille (l'adrénaline commence à circuler dans l'organisme) ;
- vous devenez nerveux, vous allez et venez, vos mains et vos genoux tremblent (le taux de glucose monte pour fournir un supplément d'énergie, l'adrénaline et les corticoïdes accélèrent le fonctionnement de l'organisme).

Ces réactions sont normales à condition d'être ponctuelles. En effet, le temps d'une prise de parole par exemple, votre organisme se mobilise entièrement à cause du stress. À partir du moment où vous reprenez de l'assurance, où vous respirez, tout rentre dans l'ordre.

Maîtriser le trac

Comment alors maîtriser ce trac ? Quelles astuces allez-vous mettre en place pour vous sentir à l'aise ?

Nous vous proposons cinq niveaux d'application :

- faire le bilan du rapport que vous entretenez avec votre image ;
- faire le bilan de vos craintes et une liste de suggestions pour les combattre ;
- prendre confiance en vous grâce à des exercices d'entraînement. L'objectif est d'oser vous affirmer et augmenter votre assurance ;
- pratiquer la respiration abdominale pour libérer les tensions ;
- pratiquer la visualisation pour vous mettre en situation de réussite.

Identifier ses craintes

Identifier ses craintes permet de les affronter, de relativiser leur importance et de mettre en place des solutions pour les réduire.

Nous vous proposons un quiz à cet effet ainsi qu'une liste de suggestions que nous vous conseillons d'ailleurs de compléter.

Quiz : De quoi le stress ou trac se nourrit-il ? Quelles sont vos craintes ?

Cochez les situations déjà vécues :

❐ Le trou de mémoire.

❐ Le regard des autres.

❐ Perdre le fil de son discours.

❏ Avoir des questions pièges.
❏ Rougir.
❏ Bafouiller.
❏ Ne pas intéresser son public.
❏ Faire rire involontairement son auditoire.
❏ Autres.
Voici quelques suggestions pour vous aider à atténuer vos craintes.

Manifestations du stress	Propositions de solutions	Vos solutions
Le trou de mémoire.	Préparer des fiches.	
Le regard des autres.	Avoir un look rassurant.	
Perdre le fil de son discours.	Rédiger une fiche avec le plan détaillé de votre intervention ; s'appuyer sur le public (souvent bienveillant contrairement à ce que vous pensez).	
Avoir des questions pièges.	Préparer des réponses à des questions embarrassantes ; savoir reporter une réponse, donner ses limites de compétences.	
Rougir.	Respirer, accepter ses belles couleurs et se dire « Je rougis, et alors ? »	
Bafouiller.	Respirer, essayer d'en plaisanter et reprendre calmement le fil de son discours.	

Ne pas intéresser son public.	Repérer le langage non verbal de ses auditeurs, casser le rythme du discours en introduisant une anecdote, en se déplaçant, en variant les supports (auditif, visuel, kinesthésique).	
Faire rire involontairement son auditoire (en se trompant par exemple).	Travailler sur soi pour se détacher des réactions de son auditoire. « Je fais ce que je peux. S'ils rient, dorment, pensent à autre chose, c'est leur problème. Ce n'est pas pour autant que je perds définitivement ma crédibilité.»	
Autres.		

Prendre confiance en soi

Les exercices d'entraînement que nous vous proposons vous permettront de développer votre confiance en vous. L'objectif est d'oser vous affirmer et d'augmenter votre assurance en osant demander des choses.

Peu importe le contenu du message, puisque dans cette application le but est d'aller vers l'autre et de communiquer en combattant ses peurs. Il s'agit de se dire : « En fait, je peux simplement demander des choses de façon objective et avoir une réponse claire et précise. »

Ces exercices sont à mettre en place dès que possible et à pratiquer régulièrement.

Premier exercice

Arrêtez quelqu'un dans la rue pour lui demander l'heure (pensez à retirer votre montre avant !), ou bien demandez-lui la direction d'un endroit bien connu.

Faites cet exercice deux fois par jour.

Si votre problème est la difficulté d'accepter de l'aide, entraînez-vous avec l'exercice qui suit.

Deuxième exercice

Demandez à votre famille ou à des amis de vous aider dans de petites choses, par exemple à refermer votre bracelet ou collier, à vous donner un coup de main pour ranger la maison ou préparer le dîner ou bien faites-vous expliquer quelque chose que vous ne comprenez pas. Faites-le régulièrement et vous serez agréablement surpris du résultat. Les personnes répondent en principe toujours positivement à une demande clairement et simplement exprimée.

Troisième exercice

Voici un autre exercice à pratiquer, mais cette fois-ci à l'extérieur de chez vous.

Vous devez rendre un article dans un magasin parce qu'il est défectueux ou tout simplement vous faire rembourser un vêtement parce qu'il ne vous va pas ou a un défaut.

En entrant dans le magasin, ayez bien en tête les points suivants.

- Vous n'avez pas à vous préparer pour une bataille. C'est une simple transaction : l'échange d'un article défectueux contre un autre en état de fonctionnement ou le remboursement.

- Le vendeur n'a pas fabriqué le produit, il ne fait que le vendre. Par conséquent, votre demande ne peut pas l'embarrasser.

- Votre demande est de nature neutre et non personnelle. Vous ne contrariez personne et ne demandez pas l'impossible.
- Tout ce que vous avez à dire est : « Cet article ne fonctionne pas. Pourriez-vous me le remplacer ou me le rembourser ? » Même si vous vous sentez mal à l'aise, vous saurez dire ces deux phrases.

Les astuces qui suivent aideront les personnes très anxieuses.

- Répétez la scène devant la glace. Tenez en main votre article et regardez-le fixement en disant à voix haute : « Cet article ne me convient pas, j'aimerais le remplacer ou être remboursé(e). »
- Dites-le vraiment à voix haute et assurée, jusqu'à ce que les mots vous viennent tout naturellement.

- *Rappelez-vous que si vous ne parlez pas de vos ennuis, la pression intérieure montera et vous stressera.*
- *Il vaut mieux en parler que renoncer ou les refouler.*
- *À vous de jouer ! Ça marche !*

Pratiquer la respiration abdominale

La respiration est fondamentale pour la prise de parole en public. Les comédiens, ainsi que de nombreux professionnels de la communication orale, la pratiquent.

Elle permet de se libérer des tensions, de gérer son trac et ainsi libérer son mental, et exprimer le plus clairement possible sa pensée.

L'inspiration est un temps de concentration. Une bonne expiration facilite l'« expulsion » des mots de façon claire.

Ainsi, la fonction physique de la respiration est directement liée à la pensée et au langage.

> *Bien respirer, c'est diminuer son trac de 50 % et augmenter son potentiel de 50 %.*

COMMENT RESPIRER PAR LE VENTRE ?

- Se tenir debout et adopter une posture bien verticale.
- Placer une main sur le ventre (sous les côtes) et une main derrière le dos.
- Bien relâcher les épaules.
- Détendre les bras.
- Assouplir légèrement ses genoux.
- Inspirer par le nez en gonflant l'abdomen.
- Expirer par la bouche le plus lentement possible, en vidant son ventre.
- Respirer ainsi à plusieurs reprises, lentement ; gonfler le ventre en inspirant, rentrer le ventre en expirant.

Pratiquer la visualisation

Comment mettre son mental au service de la gestion du stress ? Découvrons ensemble le principe de la visualisation. Cette dernière agit, grâce à la puissance de l'imagination, de manière effective sur l'organisme.

Il s'agit de se représenter des scènes positives pour dédramatiser certaines situations. Concrètement, cela a pour effet de libérer les tensions, car le pouvoir de l'imagination est proche de la réalité.

Commençons par deux petits tests faciles à réaliser.

- Asseyez-vous et fermez les yeux. Concentrez votre pensée sur une personne ou une situation que vous détestez ou que vous craignez.
- Comment votre corps réagit-il ? Quels changements percevez-vous ? À quel rythme votre cœur bat-il ? Comment votre respiration, votre gorge et votre estomac réagissent-ils ? Qu'arrive-t-il aux commissures de vos lèvres ?

Laissez passer cinq minutes avant d'aborder le test suivant.

- Asseyez-vous et fermez les yeux.
- Pensez à une personne que vous aimez beaucoup ou à quelque chose d'agréable, comme des vacances par exemple.
- Comment votre corps réagit-il maintenant ? Quels sont les signes physiques qui vous disent que vous pensez à quelque chose de plaisant ?

Ces deux tests ont pour but de vous prouver que votre pensée a le pouvoir de chasser le stress et agit concrètement sur votre organisme. Pensez plus à votre bien-être, prenez du recul par rapport aux situations stressantes et respirez !

Voici une situation professionnelle parfois embarrassante.

Vous devez rencontrer votre directeur pour lui demander une augmentation. Cette situation vous gêne et vous avez tellement peur d'un refus que le stress augmente au fur et à mesure que le rendez-vous se rapproche.

Grâce à la visualisation, vous allez vous imaginer arriver dans son bureau, prendre place et commencer à dérouler vos arguments (savamment préparés grâce à notre clé sur la communication verbale).

Cela peut vous sembler exagéré, mais ne sous-estimez pas le pouvoir de l'imagination. En effet, ce phénomène de visualisation va ancrer en vous des sentiments positifs et renforcera alors votre confiance.

Huit étapes pour pratiquer la visualisation

1. Pour une visualisation efficace, prenez le temps d'imaginer un maximum de détails (la couleur des murs, l'emplacement des meubles, la façon dont est installé votre patron, etc.).
2. Au fur et à mesure de cette étape, vous allez ressentir une certaine appréhension, c'est normal et c'est plutôt bon signe ; gardez votre calme et respirez.
3. Ensuite, imaginez-vous dans la pièce, comment êtes-vous habillé ? Quels sons entendez-vous, quelles sont les odeurs ? Ressentez les tissus que vous portez, tenez-vous un stylo à la main ?
4. À ce stade, il est possible que vous ressentiez de l'anxiété, car la situation imaginée est proche du réel ; respirez profondément.
5. Enchaînez la prochaine étape : vous prenez la parole. Commencez par une phrase d'introduction et posez vos arguments calmement les uns à la suite des autres en prenant le temps de marquer des pauses.
6. De temps en temps, imaginez la réaction de votre patron, visualisez-le en face de vous en train de vous écouter.
7. À la fin de votre argumentation, imaginez une réponse positive en accord avec vos idées.
8. Profitez de ce moment, votre objectif est atteint.

Ce qui stresse est bien souvent lié à l'inconnu, au manque de connaissance. Plus vous maîtriserez de paramètres, plus votre stress se transformera en trac positif, c'est-à-dire en un phénomène plutôt mobilisateur.

Utiliser toute la puissance du langage non verbal

LA COMMUNICATION NON VERBALE

La communication non verbale désigne l'ensemble des messages véhiculés par tout ce qui n'est pas exprimé par les mots.

Nous avons vu que le sens d'un message parlé est véhiculé à :

- **7 % par le verbal pur** (les mots prononcés) ;

- **38 % par le paraverbal** (intonation, force de la voix, accentuation) ;

- **55 % par le non-verbal.**

« On ne peut pas ne pas communiquer », tout comportement humain a une valeur communicative. Cette citation de Paul Watzlawick, théoricien de la communication et du constructivisme radical, membre fondateur de l'école de Palo-Alto, nous fait prendre conscience du pouvoir de la communication et de ses subtilités.

En effet, l'objectif de cette clé est de vous permettre de détecter chez vos interlocuteurs ces fameux messages non dits et pourtant parfois si fortement exprimés. Dans un deuxième temps, à force de les observer chez les autres, vous en prendrez conscience dans votre propre communication.

Sans sous-estimer l'importance de la parole, nous vous proposons de bien appréhender la force d'expression du langage non verbal, à savoir :

- la distance entre les personnes ou proxémie,
- la posture,
- la gestuelle,
- le regard,
- l'image véhiculée.

Le but est de vous en amuser et d'augmenter ainsi votre efficacité à l'oral.

Bien percevoir la distance interpersonnelle

Voici un petit jeu très amusant auquel nous vous conseillons de vous livrer.

Placez-vous à la terrasse d'un café.

Observez de loin deux personnes en train de discuter. La distance doit être suffisante pour ne pas les entendre.

Ainsi, vous serez en mesure de repérer toute la communication non verbale qui circule entre les individus.

Devinez alors leur discussion et la relation qu'ils entretiennent.

Voici quelques exemples de situations.

- **Deux personnes penchées l'une en face de l'autre** : elles sont sur la même longueur d'onde et sont en harmonie, par mimétisme, leurs gestes se copient. Par exemple, si l'une croise les bras, l'autre l'imitera inconsciemment ; si elle pose sa tête sur sa main, instinctivement l'autre personne reproduira la même position.

- **L'une des deux est penchée vers l'autre, qui a le corps en arrière.** Cela signifie qu'elle n'est pas impliquée dans la conversation. Pour l'instant, elle garde du recul, ses distances ; parfois, au fur et à mesure de la conversation, la situation évolue et peut se transformer comme dans le premier cas.

Le ballet qui se joue entre les personnes dépend alors de leur relation et s'exprime par la distance que chacune accorde à son interlocuteur.

Le jeu de l'observation est encore plus intéressant lors d'un cocktail ou devant une machine à café lorsque les intéressés sont debout ; en effet, deux individus proches voire intimes pourront se parler dans un espace très réduit.

À l'inverse, dans le cas où une personne souhaite devenir plus intime mais où son interlocuteur, derrière de jolis sourires, refuse cette proximité, celui-ci reculera automatiquement pour se sentir à l'aise. Cette position relative de chaque interlocuteur s'appelle la proxémie.

LES DIFFÉRENTES ZONES

Nos gestes, nos postures, nos comportements délimitent la place de notre corps dans l'espace.

Dans notre culture on peut définir plusieurs zones distinctes.

- **La zone intime** (distance de l'avant-bras) : le contact physique y est possible. L'intrusion dans cet espace déclenche un sentiment d'insécurité et de gêne (ascenseur, métro).

- **La zone personnelle** (distance d'un bras tendu) : quand deux personnes se rencontrent dans la rue, elles s'arrêtent ordinairement à cette distance pour bavarder.

- **La zone sociale** (de 1,20 à 2,40 mètres ou deux zones personnelles) : elle permet une communication verbale sans contact physique (aux guichets par exemple).

- **La zone publique rapprochée** (jusqu'à environ 8 mètres) : elle permet une information publique destinée à être entendue par un ensemble limité de personnes.

- **La zone publique lointaine** (plus de 8 mètres) : c'est la distance pour un discours dans une réunion publique, celle du comédien sur la scène de théâtre. Ici l'interlocuteur est spectateur, récepteur passif.

Ces distances d'interaction varient suivant le contenu du message, mais aussi suivant les individus, le niveau de relation et les cultures.

L'occupation de l'espace n'est jamais accidentelle.

Selon la culture, le milieu et les relations hiérarchiques, les distances changent, les zones se rétrécissent ou s'étendent.

La façon de pénétrer dans le territoire d'autrui indique le rapport qui unit deux personnes (supérieur/subordonné).

Dans la relation avec les autres, pour une meilleure communication, il est intéressant de bien percevoir :

- la zone préférentielle utilisée par l'autre ;

- la cohérence entre la zone et ce qui est dit ;

- le moment où un changement de zone survient.

Adopter la bonne posture

La question à se poser est : « Quelle est la bonne posture pour quel objectif ? » Peut-on en jouer ? Est-ce un outil concret de la communication ? Grâce à des exemples précis, nous vous proposons d'identifier l'impact de chaque posture sur son interlocuteur.

À force d'observer les autres et d'observer le mouvement de votre corps à certains moments d'une conversation, vous allez vous rendre compte des messages non prononcés et pourtant clairement exprimés.

En effet, imaginez une situation où vous avez sincèrement besoin de l'accord de votre interlocuteur pour une question importante. Au moment de l'interroger, observez son attitude et la position de son corps.

Voici quelques indications pour vous aider à mieux appréhender le langage corporel, et, à partir de là, la parole doit prendre le relais pour ajuster la situation.

L'expansion (tête, tronc et épaules en extension, bras ouverts) : votre interlocuteur est à l'écoute, il est attentif et intéressé.

La contraction (tête fléchie, coudes collés au corps, épaules tombantes, dos voûté, position symétrique des bras, des jambes et des pieds) : cette fois-ci, il se méfie ou est mal à l'aise, il risque même d'être en fort désaccord avec vos idées.

L'approche (inclinaison en avant, cou tendu, bras en avant, pieds en avant) : votre interlocuteur est interpellé, vous l'intéressez ! Développez vos arguments, vous êtes sur le point de le convaincre.

Le rejet (corps en recul, épaules hautes, tête détournée en recul) : vous avez peut-être devant vous une personne qui acquiesce et qui sourit, mais tout son corps dit « Non » ; à ce stade de la conversation, vous ne l'intéressez pas, il n'adhère pas à vos propos, on peut même imaginer qu'il aimerait s'en aller ou changer de conversation.

En fonction de ces indications, nous vous conseillons d'adapter vos arguments (voir clé n° 3). Ainsi, vous serez en mesure d'ajuster votre communication pour atteindre votre objectif.

Le mouvement du corps vous a interpellé ? Alors allons plus loin dans le décryptage du langage du corps.

Test d'auto-observation

Nous vous proposons de vous entraîner régulièrement à prendre conscience de votre posture au cours de situations aussi bien professionnelles que personnelles. Posez-vous alors les questions suivantes : « Comment ai-je l'habitude de me tenir ? » « Quelle image donne cette posture ? »

Décrypter la gestuelle

Pour jouer sur la relation à l'autre, il faut savoir que nous bénéficions tous de cinq paramètres liés à la communication non verbale :

- le toucher,
- la distance,
- l'inclinaison,
- le contact visuel,
- l'orientation.

Grâce à ces notions, nous vous proposons d'affiner vos outils pour comprendre les coulisses de la communication non verbale. Ainsi, vous serez à court terme plus à l'aise pour exprimer vos messages.

En effet, vous vous retrouverez face à votre interlocuteur avec une somme d'informations qu'il ne possède pas forcément. Vous bénéficierez d'une longueur d'avance et donc vous gagnerez en assurance.

SAVOIR INTERPRÉTER LES « BONS » GESTES

De quels éléments est composée notre gestuelle ? Pourquoi essayer de la comprendre ? Quels sont les bénéfices à décrypter le langage non verbal ?

Tout d'abord, prenons le temps de poser le décor en précisant deux paramètres essentiels :

- il existe plusieurs catégories de gestes, ceux qui accompagnent les mots et ceux qui traduisent une pensée, une émotion, une réaction ;

- tous les gestes ne sont pas forcément à interpréter. L'objectif est d'identifier le langage non verbal et d'en faire son allié.

Piège à éviter : vouloir tout interpréter en permanence. On risque de passer à côté du message essentiel et négliger l'aspect verbal. De plus, à partir du moment où l'on s'intéresse à une connaissance sur le comportement humain, il serait dangereux de se contenter de clichés à « copier/coller » sur chaque individu.

Vous êtes prêt pour découvrir les secrets du langage non verbal ? Parfait ! Avançons pas à pas au pays des gestes, des mimiques et autres jeux de jambes et découvrons ensemble ce qui se cache derrière ce paralangage.

Dans un premier temps, tâchons de définir la communication non verbale. D'après le lexique du site **cité-sciences.fr**, « La communication non verbale regroupe tous les moyens que les individus ont pour communiquer et qui ne relèvent pas de la langue orale humaine. Elle peut être sonore (comme le morse) : il ne s'agit pas d'un " langage silencieux ". On appelle communication non verbale toute transmission d'idée, d'émotion, ou d'attitude qui s'effectue hors d'un code linguistique formel. Toutes les formes d'expression et de transmission de signaux différentes de la parole sont de la communication non verbale : l'expression du visage, le regard, les gestes, les postures du corps, la position du corps dans l'espace. La façon de s'habiller (choix du style vestimentaire et des couleurs, de porter un parfum, d'organiser des objets…) constitue également de la communication non verbale, car, dans tous les cas, une information est transmise. Par ailleurs, la communication non verbale est très liée à l'expression des émotions qui peut se lire sur le visage, mais qui peut aussi se manifester par du rapprochement ou de l'évitement physique. »

Pour vous expliquer la gestuelle, nous pourrions vous parler de gestes illustrateurs, rythmiques. Simplement, nous avons opté pour l'aspect pratique plutôt que linguistique. Votre objectif est bien d'acquérir de l'aisance et de l'efficacité à l'oral, n'est-ce pas ?

Alors, installez-vous confortablement devant un miroir pour cette petite séance de « prise de conscience gestuelle ».

Pour être concret et efficace, voici trois points à retenir pour mettre en place une communication efficace.

- Soyez mobile ! Ne restez pas figé de peur de laisser transparaître un message négatif. Au contraire, le mouvement va libérer votre parole et donner de l'impact à votre message.

- Favorisez les gestes d'ouverture, les bras amples, au-dessus du coude si possible ; en effet, tous les mouvements amples mobilisent votre auditeur. À l'inverse, éliminez les gestes fermés ou de restriction comme les mains derrière le dos ou les bras croisés.

- Ouvrez votre visage grâce à votre sourire et au regard. Le sourire accueille, rassure et dynamise votre communication, quant au regard, il sert à gagner l'adhésion de votre public ; prenez le temps de regarder chaque auditeur (ou quelques-uns s'il y en a une centaine...). On ne balaie pas du regard, car cela a un impact négatif, cela peut être interprété comme de la fuite ou un manque d'assurance. Utilisez votre regard pour entrer en interaction avec votre interlocuteur, vous parlez pour lui, il se sent concerné.

Voici une série de signaux non verbaux positifs et négatifs. À vous d'en faire bon usage !

🏃 Signaux non verbaux positifs[1]

> Les coins de la bouche arqués vers le haut. Les extrémités des sourcils baissées.
> Les poings ouverts vers l'auditoire.
> Les poings sur les hanches ou sur les genoux.
> Les bras ouverts.
> Le veston déboutonné.
> La tête en arrière, le front haut.

🏃 Signaux non verbaux négatifs[2]

> Les coins de la bouche arqués vers le bas. Les extrémités des sourcils levées.
> Le regard évitant.
> Les bras croisés, les jambes croisées.
> Le regard et le corps sont orientés vers la sortie.
> Le doigt pointé.
> Les mains fréquemment dans les cheveux.
> Les doigts qui tapotent sur la table.

Valoriser son image

L'image que nous renvoyons est porteuse de messages. En effet, les couleurs que vous portez ainsi que les formes de vos vêtements, vos accessoires et votre coiffure influencent considérablement le message capté par votre destinataire.

Nous vous proposons dans cette partie de prendre conscience de votre potentiel au niveau de votre image. Si, si, vous avez un sacré potentiel.

---

1. D'après Stefan PRUTIANU dans son ouvrage *Communication et négociation dans les affaires*.
2. PRUTIANU, *op. cit.*

Peut-être est-il simplement légèrement caché ou bien très enfoui, mais il est présent et ne demande qu'à venir sur le devant de la scène. Nous comptons sur vous pour libérer votre pouvoir de séduction et ainsi charmer votre entourage personnel et professionnel.

Voici pour commencer un petit test sympathique pour faire le point avec votre image. Il sera accompagné d'astuces et de conseils de professionnelles de l'image, spécialisées dans le secteur du relooking.

Test : Faire le point avec son image

La première étape est de faire le point avec votre image. Voici un test pour vous y aider. Il est extrait du célèbre livre d'Isabelle Gauducheau : *Prendre la parole en public*, aux éditions Ellipses.

En général et en particulier lorsque je dois prendre la parole...

Cochez en face de chaque phrase la réponse qui vous correspond.

	Oui, plutôt	Non, pas vraiment
1. Quand je vois tous les regards tournés vers moi, je me sens rougir.		
2. J'ai souvent l'impression de ne pas être à la hauteur.		
3. Je me sens nul(le).		
4. Il faut savoir rester modeste.		
5. Je n'aime pas avoir à parler de moi.		
6. J'ai tendance à en faire trop.		
7. Il faut toujours que je me fasse remarquer.		
8. L'originalité, c'est ça qui compte.		
9. J'éprouve le besoin d'être le centre de tous les regards.		

10. Personne ne dira à votre place ce que vous avez fait de bien.		
11. J'aime les vêtements sombres, pas trop voyants.		
12. Je ne me suis jamais demandé si ma coiffure ou mes lunettes me convenaient.		
13. Je crains souvent de choquer.		
14. Je suis comme je suis : ils n'ont qu'à me prendre comme ça !		
15. J'aime les détails qui flashent, quelles que soient les circonstances.		
16. J'aimerais adopter un style qui me ressemble plus, mais je n'ose pas.		

Vous avez répondu « oui » à au moins une des descriptions 1 à 5, à la description 12 ou 16.

Votre premier objectif est d'augmenter votre confiance en vous, d'oser vous affirmer. Le but est de vous exprimer quand vous avez quelque chose à dire ; cette partie est faite pour vous, nous vous conseillons de mettre en place un nouveau comportement pour rapidement vous affirmer aussi bien dans votre vie privée que dans votre vie professionnelle.

Vous avez répondu « oui » aux descriptions 6 à 10, aux descriptions 14 et 15.

La meilleure défense, c'est l'attaque, dit-on. Et vous semblez en avoir fait votre mot d'ordre. Avez-vous donc si peur de ne pas être intéressant ? De ne pas mériter l'attention, tout simplement par vous-même ? Prenez du recul par rapport à un comportement excessif, et vos relations deviendront plus fluides. Commencez par vous entraîner à l'écoute, par exemple. Faites ensuite un bilan de vos vraies qualités, celles qui se trouvent derrière le masque. Décidez de vous faire confiance, pour de vrai.

Vous avez répondu « oui » aux descriptions 8 à 15.

Vous ne savez pas encore bien où vous en êtes concernant votre apparence, votre look. Soit vous n'osez pas exprimer votre personnalité à travers lui, soit vous en faites trop. Vous ne mesurez pas encore bien le lien entre expression de soi et adaptation aux circonstances. Nous vous conseillons de prendre le temps de vous occuper de vous et d'adapter votre style, vos tenues aux circonstances, cela vous aidera à vous sentir plus à l'aise, donc plus en phase avec les individus qui vous entourent.

COULEURS ET HARMONIES

Chose promise, chose due ! Maintenant que vous en savez plus sur la relation que vous entretenez avec votre propre image, nous vous invitons à participer à une petite promenade bigarrée au pays des couleurs et des harmonies.

Quel message est véhiculé par chacune d'entre elles ? Le choix des couleurs n'est jamais anodin, il traduit souvent un état d'esprit, une humeur ou encore une volonté de calmer les esprits ou de dynamiser un groupe.

L'objectif de la bonne utilisation des couleurs dans ses tenues vestimentaires est lié au besoin d'harmonie. En effet, l'œil recherche automatiquement la couleur complémentaire pour se fixer et se reposer.

Deux exemples illustrent ce propos.

Le premier se situe dans le milieu médical ; savez-vous pourquoi le linge du personnel et du patient sur le point d'être opéré est vert ? Tout simplement pour que l'œil puisse se fixer sur son objectif grâce à la complémentarité de couleur avec le rouge (couleur du sang).

Le deuxième exemple est emprunté au monde du recrutement professionnel. Quand nous rencontrons des personnes en recherche d'emploi, nous leur conseillons, dans le cadre d'une demande de relooking spécial entretien d'embauche, d'harmoniser leur tenue et de tenir compte de la symbolique des couleurs.

Ainsi, le recruteur sera automatiquement dans une disposition positive et pourra alors se fixer sur vous et vos arguments. En cas de manque d'harmonie, votre interlocuteur va rechercher inconsciemment dans la pièce, ou pourquoi pas par la fenêtre, la couleur qui reposera son œil en lui procurant de l'harmonie.

Ces deux exemples s'étendent évidemment à d'autres situations.

Voici donc dans un premier temps un tableau sur le langage des couleurs emprunté au site Harmonieusement vôtre (http://melodie3.skynet-blogs.be/post/4446417/le-language-des-couleurs).

Le langage des couleurs
Le blanc : symbole de pureté, le blanc exprime l'élégance et le raffinement.
Le bleu : fraîche et apaisante, la couleur bleue invite au calme et à la détente. En effet, le bleu évoque les grands espaces, le ciel et la mer.
Le jaune : lumineux et stimulant, le jaune symbolise la gaieté et la joie de vivre. Il attire immédiatement le regard.
L'orange : couleur chaude issue du rouge et du jaune, l'orange en partage aussi les caractéristiques. Riche, expansive et joyeuse, la couleur orange possède des vertus stimulantes.
Le rouge : couleur chaude par excellence, le rouge peut être accueillant, mais aussi provocant, voire agressif ! Davantage encore que le jaune, le rouge capte l'attention ; il surprend et invite à l'action plutôt qu'au repos.

Le vert :
il règne en maître dans la nature. C'est la couleur de la vie elle-même
et du renouveau printanier. À l'état pur, on lui prête des effets équilibrants
sur le système nerveux. On dit que c'est la couleur la plus reposante pour les yeux.
Elle symbolise la fraîcheur, la sécurité, et la stabilité.

Le violet :
né de l'union de deux couleurs complètement opposées sur le plan symbolique
(rouge et bleu), le violet évoque délicatesse, splendeur, intériorisation
et profondeur des sentiments.

Pour compléter votre voyage au pays des couleurs, voici quelques informations pratiques pour créer de jolies harmonies au service de votre communication non verbale.

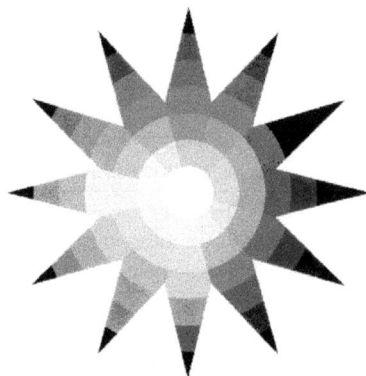

Le cercle chromatique (source : fotolia.fr).

Les harmonies de couleurs

Monochrome (voir chaque triangle du cercle chromatique)	C'est une harmonie qui provient d'une couleur déclinée en plusieurs tons (en plus claire ou plus foncée) ; nous conseillons dans une tenue d'utiliser au maximum trois tons.
Analogique	Mélange de trois teintes comprises à l'intérieur d'un angle de 90 % sur le cercle chromatique, par exemple : jaune, orange, rouge ou jaune, vert, bleu.
Complémentaire	Cette harmonie est très intéressante car elle permet de créer des combinaisons agréables et parfois surprenantes. Le principe est de choisir deux couleurs opposées sur le cercle chromatique. Voici quelques exemples : le marron et le bleu, le jaune et le violet ou bien l'orange et le bleu.

Quelles couleurs me mettent en valeur ?

L'application de ces harmonies permet de mettre en valeur vos traits, votre regard, votre visage. Cela contribue naturellement à l'effet « bonne mine ».

L'analyse des couleurs va permettre d'harmoniser votre image en créant un lien entre les teintes naturelles du visage, celles du vêtement, des accessoires et de la couleur des cheveux.

Pour aller plus loin dans cette démarche, nous vous conseillons de faire appel à une professionnelle de l'image grâce à une étude personnalisée. Le but est de maîtriser son image, la mettre en valeur et surtout trouver l'adéquation entre ce que vous montrez et ce que vous êtes vraiment.

> **site utile**
>
> Visitez le site web http://pourpre.com
> C'est le site de la couleur. Il propose notamment des articles sur ce sujet, une présentation des principaux modèles et nuanciers de couleurs, ainsi qu'une sélection de liens.

LE RELOOKING

Le relooking semble être un phénomène de mode, toutefois cette discipline s'appuie sur de vrais éléments techniques.

Notre image est analysée, décodée, évaluée, jugée par autrui. La première impression qu'on se fait de nous découle en partie de notre apparence.

Il peut sembler superficiel, voire injuste de juger une personne sur son allure. Et pourtant, c'est un fait, le look est partie prenante du message que nous émettons. Il faut en tenir compte. Il suffit de penser au costume sombre et élégant porté par les ingénieurs commerciaux d'une grande société informatique pour en prendre conscience. Ce costume fait partie du message et signifie : « Les produits que nous vendons sont de bons produits, notre entreprise est une entreprise sérieuse. »

Attention, il ne s'agit pas de se travestir. Une transformation spectaculaire qui ferait de vous une autre personne passerait totalement à côté de son objectif. Le travail sur le look n'a d'intérêt que dans la cohérence. Le but du relooking est d'aider tout individu à développer une image positive et cohérente de lui-même.

Voici quelques questions que vous pouvez vous poser :

- Quels sont les codes vestimentaires de ma profession ?
- Quels sont les codes vestimentaires de mon entreprise ?
- Quelles sont mes habitudes vestimentaires ? Couleurs, types de vêtements, de cravates, de styles…
- Sont-elles en phase avec ceux de ma profession, de mon entreprise, de ma fonction ?
- Quels changements dois-je effectuer pour faire encore mieux correspondre ma personnalité avec les codes vestimentaires de ma fonction et de mon entreprise ?
- En ai-je envie ?

- Par quoi vais-je commencer ? (Jeter une vieille jupe informe, acheter une nouvelle cravate…).

Pour faire le point sur votre look, vous pouvez tester votre style sur le site de professionnels de l'image : www.egostyle.fr

Vous y trouverez de précieux conseils techniques aussi bien au niveau des couleurs que du style adapté à votre personnalité et à votre métier.

Pour vous mesdames, vous pourrez également vous rendre sur le site www.aufeminin.com, où vous trouverez de précieux conseils sur le maquillage adapté à la forme de votre visage.

Le vêtement adéquat

Quel vêtement choisir selon sa silhouette ? Le principe est simple, il s'agit d'équilibrer les volumes entre le haut et le bas du corps.

Comment choisissez-vous vos vêtements ? Un coup de cœur dans une boutique ? Une couleur ou une matière spécifique vous attire ? Le prix est-il un argument suffisant pour se laisser tenter ? Combien de fois vous êtes-vous retrouvé à acheter des articles que vous n'avez jamais portés tout simplement parce qu'ils ne vous vont pas ?

Nous vous proposons d'avoir désormais une nouvelle vision de votre choix en matière de tenues vestimentaires grâce à la connaissance de ce que nous nommons le « principe de la morpho-silhouette ». Il s'agit en effet d'identifier sa silhouette pour adapter les tenues qui vous iront comme un gant !

Morphologie en huit

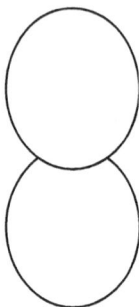

Description

Monica Bellucci, vous connaissez ? C'est le type même de la morphologie en huit. Les épaules sont arrondies, de même que les hanches, et la taille est fine. Le huit est la silhouette parfaite par excellence.

Conseils

Le seul conseil à donner : rester en forme pour de belles formes !

Morphologie en sablier

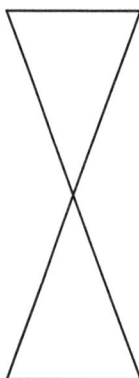

Description

Elle ressemble au huit, à la seule différence que la taille est un peu moins marquée et que la silhouette est un plus musclée. Les formes sont donc moins plantureuses. Gisele Bündchen et Halle Berry ont une morphologie de type sablier.

Conseils

Cette silhouette est aussi considérée comme idéale. Les femmes avec une telle morphologie peuvent tout se permettre. Elles doivent néanmoins, dans tous les cas, prendre en considération leur taille.

Morphologie en pyramide

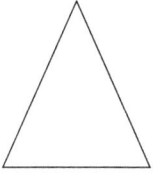

Description

La pyramide est la silhouette la plus commune. Les épaules sont étroites et le reste du corps va en s'élargissant. Du côté des people, Jennifer Lopez a une silhouette de ce type.

Conseils

Il s'agit de mettre en valeur les épaules et de cacher les hanches. Choisissez des vestes à épaulettes, des cols en V et des cols bateau. Évitez les jupes trapèze et préférez les jupes droites. Les pantalons droits en matière fluide sont aussi à privilégier. Les pulls, un peu longs, agrémentés d'une ceinture sont parfaits, ainsi que les robes à taille empire.

Morphologie triangulaire

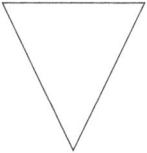

Description

Assez masculine, la silhouette en pyramide inversée se caractérise par des épaules larges et des hanches menues. La princesse Stéphanie de Monaco et la sportive Anna Kournikova ont une silhouette de type pyramide inversée.

Conseils

Il faut ici dissimuler les épaules et mettre en valeur les hanches. Optez pour des jeans taille basse, des pantalons larges tels que les baggy, et des jupes longues à frous-frous. Un trench ceinturé à la taille, pour une allure féminine, conviendra très bien. Évitez les blousons et les doudounes qui ont tendance à donner du volume aux épaules.

Morphologie rectangulaire

Description

Vous voyez comment est faite Paris Hilton ? Son type de morphologie s'apparente à la forme du rectangle (ses épaules, sa taille et son bassin suivent la même ligne). Très souvent, les femmes avec une telle silhouette longiligne ont une poitrine menue et des fesses plutôt plates.

Conseils

Il faut, dans cette hypothèse, donner l'illusion d'une taille fine. Le cache-cœur est parfait pour ce type de silhouette, de même que les grosses ceintures et les jupes forme trapèze qui rendent la taille visible. À noter qu'un panta-court vous donnera un côté un peu plus féminin.

Morphologie ovale

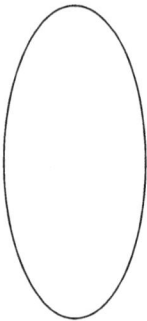

Description

La silhouette dite ovale est relativement proche de la morphologie en pyramide puisque les épaules sont assez fines. Ce qui diffère, ce sont les hanches qui sont moins larges que dans la silhouette en pyramide. L'actrice Ingrid Chauvin a une morphologie de type ovale.

Conseils

Donner du volume aux épaules et masquer légèrement les hanches sont les deux aspects à prendre en compte. Pour gommer ces petits défauts, privilégiez les pulls à grand col, les blousons à capuche, les vestes treillis, les pantalons sans poche ainsi que les jupes droites.

Morphologie ronde

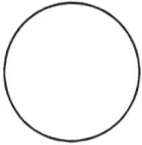

Description

Les femmes enrobées, avec la taille peu marquée, ont une silhouette dite ronde. Leurs rondeurs sont ainsi réparties sur tout leur corps, ce qui est le cas de la chanteuse Marianne James.

Conseils

Pour cacher les rondeurs, préférez les matières fluides aux matières stretch qui moulent le corps et les petits bourrelets. Privilégiez les tuniques, les chemises longues en voile, les jeans évasés dans le bas. Enfin, si les coloris sombres permettent d'affiner la silhouette, cela ne signifie pas pour autant que le look *total black* est de rigueur.

Pour conclure cette partie sur l'image, nous vous invitons à remplir le test suivant. C'est un test évolutif et très instructif sur la perception de votre image.

Test : Comment les autres vous perçoivent-ils[1] ?

Vous avez autour de vous des personnes qui vous côtoient fréquemment. Vous avez confiance dans la sincérité et la bienveillance de leur opinion. Demandez-leur de répondre spontanément au questionnaire ci-dessous. Il vous permettra de découvrir des aspects insoupçonnés de l'image que vous dégagez.

---

1. Remerciements des auteures à Céline Berreby, formatrice et journaliste, experte de l'efficacité professionnelle.

Par la suite, vous pourrez engager un dialogue pour mieux comprendre les raisons de certaines réponses. En croisant les différents regards, vous obtiendrez une perception assez juste de vos atouts et des éléments de votre apparence susceptibles d'être optimisés. N'hésitez pas à leur demander des suggestions qui vous indiqueront dans quelles directions évoluer.

Avertissement : il est possible que vous appréhendiez les avis de vos proches. Sachez qu'en règle générale, ce test améliore la connaissance de soi, donc la confiance en soi de ceux qui « osent » l'utiliser.

Consigne : demandez à trois personnes issues de cercles différents de votre entourage de cocher la réponse qui correspond le plus à ce qu'elles perçoivent de votre attitude générale. Plusieurs réponses sont possibles.

Puis, quelques mois plus tard, évaluez vos progrès en soumettant ce test à d'autres personnes.

Selon vous, il/elle				Remarques/ Compléments/ Autres idées
Selon vous, il/elle	□ accorde une grande importance à son apparence.	□ calibre ses efforts en fonction des circonstances.	□ néglige son apparence, ne cherche pas à mettre en valeur ses atouts.	
Il/elle a une apparence générale	□ sophistiquée.	□ classique.	□ passe-partout.	
Il/elle vous donne l'impression d'une personne	□ stricte.	□ gentille, sympathique.	□ créative.	
Il/elle s'habille de façon	□ discrète.	□ élégante.	□ excentrique.	
Il/elle a une identité vestimentaire	□ très définie.	□ originale.	□ changeante.	
Il/elle s'exprime de façon	□ claire mais succincte.	□ convaincante.	□ confuse.	
Il/elle parle	□ rapidement.	□ avec un débit moyen.	□ lentement.	
Il/elle a généralement un visage	□ fermé.	□ fatigué.	□ expressif.	
Il/elle se tient de façon	□ rigide.	□ droite.	□ voûtée.	

Il/elle marche de façon	□ rapide.	□ régulière.	□ nonchalante.
Il/elle se tient assis de façon	□ avachie.	□ décontractée.	□ stressée.
Il/elle donne l'impression d'être une personne	□ chaleureuse.	□ ouverte.	□ distante.
Il/elle a un regard	□ évitant.	□ charmeur.	□ franc.
Il/elle affiche un sourire	□ timide, rare.	□ lumineux.	□ permanent.
Sa gestuelle est	□ très limitée.	□ en cohérence avec ses propos.	□ très démonstrative.
Il/elle donne plutôt une impression de	□ gaieté.	□ calme.	□ dureté.
Il/elle a un style de coiffure et une couleur de cheveux	□ tout à fait adaptés à sa morphologie.	□ convenables.	□ susceptibles d'être améliorés.
Il/elle manifeste	□ une grande confiance en soi.	□ une certaine assurance.	□ une confiance en soi limitée.

Optimiser sa communication verbale

La clé n° 2 nous a permis de prendre conscience de l'importance de la dimension non verbale dans la communication. Le verbal (les mots) et le paraverbal (le ton de la voix) ont aussi tout leur impact. Ils font l'objet de notre troisième clé.

Nous verrons successivement les bases pour bien communiquer, la façon de jouer avec sa voix, de bien s'exprimer, d'utiliser les histoires pour illustrer son propos et enfin les techniques pour argumenter et convaincre.

Test : Êtes-vous un bon communicateur ?

Pour chaque question, cochez la réponse qui vous ressemble le plus.

	Tout à fait	Moyennement	Pas du tout
1. Avez-vous tendance à commencer votre réponse avant que votre interlocuteur ait terminé sa question ?			
2. Lors de vos entretiens, arrivez-vous à mettre de côté vos a priori vis-à-vis de vos interlocuteurs ?			

3. Posez-vous des questions pour vous assurer que vous avez bien compris ?			
4. Si votre interlocuteur prend son temps pour parler, vous arrive-t-il de terminer sa phrase à sa place ?			
5. Vous mettez-vous dans la peau de votre interlocuteur pour essayer de mieux le comprendre ?			
6. Avez-vous l'habitude, au téléphone notamment, de répéter sous forme synthétique ce que votre interlocuteur vous a dit ?			
7. Vous demande-t-on parfois de parler plus fort ?			
8. Vous avez compris ce qu'il veut dire avant qu'il ait terminé sa phrase. Écoutez-vous quand même jusqu'au bout ?			
9. Avez-vous parfois l'impression de vous perdre dans les détails quand vous donnez une explication ?			
10. Vous arrive-t-il d'être obligé(e) de faire répéter, parce que vous aviez la tête ailleurs ?			

Calculez votre score.

Pour les questions 2, 3, 5, 6, 8 :

- comptez 3 points si vous avez répondu « tout à fait » ;
- comptez 2 points si vous avez répondu « moyennement » ;
- comptez 1 point si vous avez répondu « pas du tout ».

Pour les questions 1, 4, 7, 9, 10 :

* comptez 1 point si vous avez répondu « tout à fait » ;

* comptez 2 points si vous avez répondu « moyennement » ;

* comptez 3 points si vous avez répondu « pas du tout ».

Totalisez l'ensemble des points.

Résultats du test.

Votre score se situe entre 25 et 30.

Vous êtes un pro de la communication ! La lecture de ce livre va vous permettre d'atteindre des sommets.

Votre score se situe entre 17 et 24.

Vous ne vous débrouillez pas si mal que cela, mais vous avez encore des progrès à faire. Vous trouverez dans ce livre les conseils qui vous permettront de progresser.

Votre score se situe entre 10 et 16.

Vous avez de sérieux progrès à faire en communication. Rassurez-vous la communication s'apprend.

Les bases pour bien communiquer

Une bonne communication s'appuie sur l'utilisation de six outils simples :

* l'écoute,

* l'observation,

* les attitudes,

* le questionnement,

* la reformulation,

* la bonne longueur d'ondes.

ÉCOUTER

Bien écouter pour bien comprendre

Communiquer de façon efficace, c'est d'abord essayer de comprendre l'autre avant de tenter de s'en faire comprendre. C'est le meilleur moyen d'inspirer la confiance qui permettra d'instaurer une communication constructive. Or, le plus souvent, nous essayons d'abord de nous faire comprendre nous-mêmes.

La compréhension de l'autre passe par l'écoute active de ce qu'il nous dit. Il s'agit d'une attitude que nous ne pratiquons pas naturellement et qui nous demande un réel effort d'adaptation.

L'écoute partielle

La plupart du temps, nous n'écoutons pas vraiment. En fait, nous précédons notre interlocuteur parce que la pensée va plus vite que la parole. Les mots vont à pied tandis que la pensée galope. Nous nous contentons des premiers mots qui nous permettent de comprendre (croyons-nous !) ce qu'il veut dire. Puis, nous cessons de l'écouter. Tout notre esprit est occupé à préparer notre réponse, qui va fuser dès qu'il va s'arrêter et parfois même avant !

Ou bien nous écoutons, mais uniquement de manière sélective, par petits morceaux. Et entre deux moments d'écoute, notre esprit s'évade.

L'interprétation

Ou encore, nous écoutons à notre manière, c'est-à-dire que nous interprétons ce qui nous est dit en fonction de nos propres centres d'intérêt. Tout ce que nous entendons passe au travers du filtre de notre système de référence : les principes éducatifs qui nous ont construit, nos croyances, nos valeurs, le métier que nous exerçons, le milieu professionnel dans lequel nous travaillons, les expériences marquantes que nous avons vécues.

En fait, nous entendons ce que nous nous attendons à entendre, non pas ce qui est dit, mais ce qu'il nous semble logique d'entendre. Nous faisons ensuite des liens avec ce que nous savons et en tirons des conclusions. C'est la source de bien des incompréhensions, petites ou grandes, dans la vie de tous les jours.

Le même phénomène de filtre se produit également à l'écrit. Vous avez certainement constaté combien il est difficile de voir toutes ses fautes quand on se relit. C'est parce que notre cerveau corrige automatiquement ce que nous voyons.

L'écoute active

Entendre n'est pas écouter. Écouter est un acte volontaire. Pratiquer l'écoute active, c'est écouter l'intégralité de ce que dit son interlocuteur. C'est aussi prendre garde de ne pas interpréter ce qu'il me dit. C'est enfin se mettre à sa place pour comprendre ce qu'il ressent, ce qui le motive.

Savoir pratiquer l'écoute active

Pour bien écouter, il faut avoir la volonté réelle de s'abstraire de son système de références afin de saisir l'opinion de l'autre et, au-delà, de comprendre ce qui la fonde. Cela nécessite non seulement de se taire, mais aussi de se rendre disponible et ouvert à la pensée de son interlocuteur. Il faut à cet effet laisser de côté ses préjugés et ses a priori pour accepter de se centrer sur l'autre.

C'est ce que l'on appelle pratiquer l'empathie. Il ne s'agit ni de sympathie ni d'antipathie. Les deux sont des formes de jugement, positif ou négatif, alors que l'empathie s'abstient de tout jugement.

Bien évidemment, comprendre l'autre ne signifie pas accepter ni être d'accord avec ce qu'il dit.

Bien écouter en quatre points

1. Se taire.
2. Se rendre disponible mentalement.
3. Laisser de côté tout jugement personnel.
4. Prendre garde de ne pas interpréter.

OBSERVER L'INTERLOCUTEUR

L'observation du non-verbal est le pendant de l'écoute active. C'est une source d'informations précieuse qui complète ce que nous entendons.

Si quelque chose nous surprend dans le comportement de notre interlocuteur, nous pouvons d'ailleurs lui faire part de notre observation. Cela nous permettra de vérifier que le message est bien compris.

Par exemple :
« Visiblement, ce que je vous dis vous surprend. »
« J'ai l'impression que cette question vous est désagréable. »

On peut ainsi être attentif aux **expressions du visage** (le regard, les mimiques, les manifestations comme les froncements de sourcils), à **la posture** (ouverte ou fermée, corps en avant ou en arrière) et **aux gestes**.

ÉVITER LES ATTITUDES BLOQUANTES

On vient de le voir, l'attitude qui favorise le plus la communication est l'empathie : l'écoute active de ce qui est dit. Or, nous adoptons bien d'autres attitudes, qui, selon les situations, peuvent avoir un impact négatif sur la suite de la communication.

Ainsi en est-il de **la fuite** ou du refus de communiquer. La communication nécessitant la présence d'au moins deux personnes, si l'une des deux déclare forfait, elle n'est plus possible. Cela dit, on a le droit de ne pas communiquer.

Le jugement est aussi une attitude que nous adoptons très fréquemment, sans nécessairement en avoir vraiment conscience. Sans aller jusqu'à dire : « Je désapprouve ta conduite », on peut émettre des avis du genre « Moi, je ferais ceci », ou « Moi, je ne ferais pas cela », qui contiennent un jugement implicite des paroles ou du comportement de l'autre. Bien évidemment, cette attitude est plutôt néfaste. Que cela soit fondé ou non, peu importe ! Qui souhaiterait continuer à communiquer avec une personne qui la juge et donc la prend de haut ?

Le conseil est une attitude également très fréquente : « Tu devrais… », « Moi, à ta place… ». Il est vrai qu'on y voit beaucoup plus clair que l'autre dans sa situation. Mais rappelez-vous le proverbe : « Les conseilleurs ne sont pas les payeurs. » Est-ce vraiment un conseil que notre interlocuteur est venu chercher ? Si oui, c'est parfait. Sinon, auriez-vous vraiment envie de continuer à parler avec une personne qui vous explique doctement comment vous devriez vous conduire ?

SAVOIR QUESTIONNER

La qualité du questionnement conditionne en grande partie la qualité de la réponse. Les questions permettent de relancer la dynamique de l'entretien. Il en existe différentes formes qui ont toutes un intérêt différent. L'idéal est de les varier tout au long de la conversation.

Les questions ouvertes

Elles permettent d'obtenir un maximum d'informations. L'entretien n'est pas canalisé. L'interlocuteur s'exprime librement et aborde le sujet sous l'angle qu'il désire. Le risque est de passer du temps.

> **Par exemple :** « Que pensez-vous de notre dernière campagne de promotion ? »

Les questions fermées

Elles appellent une réponse courte, voire une réponse simplement par « oui » ou « non », c'est-à-dire brève et précise, mais pauvre en informations.

Elles ont leur intérêt si l'on doit canaliser un interlocuteur particulièrement bavard par exemple ou si l'on cherche à obtenir des renseignements très précis.

Il ne faut toutefois pas en abuser, car elles finissent par donner à l'autre l'impression de subir un interrogatoire policier. De plus, elles peuvent vous faire passer à côté d'une information intéressante. Enfin, vous risquez de vous épuiser à devoir sans arrêt relancer pour obtenir des précisions.

> **Par exemple :** « Notre dernière campagne de promotion vous a-t-elle paru efficace ? »

Les questions alternatives

Ce sont en fait de fausses questions, car elles tendent à contraindre l'interlocuteur à faire un choix restreint. En effet, on ne lui laisse que deux possibilités.

Elles sont notamment utilisées par les commerciaux pour forcer une prise de décision.

Par exemple : « Ce téléviseur, vous préférez l'emporter vous-même ou qu'on vous le livre gratuitement ? »

Bien utilisées, elles peuvent avoir leur utilité. Le risque est que l'interlocuteur se sente manipulé et se braque.

Par exemple : « Vous prenez vos vacances en juillet ou en août ? »

Les questions inductives

Les questions inductives sont elles aussi de fausses questions. Avec une question inductive, la réponse est déjà dans la question. D'où la sensation que peut avoir l'interlocuteur de se faire un peu forcer la main. Elles sont donc à utiliser avec précaution, voire à éviter pour un dialogue de qualité.

Par exemple :
« Ne pensez-vous pas que notre politique commerciale gagnerait à être plus agressive ? »
« Pas de questions ? »

Est-ce que je pense à varier les questions que j'utilise ?

LA REFORMULATION

Nous connaissons tous la reformulation pour l'avoir entendu pratiquer dans des films comportant des scènes de chirurgie. Quand le chirurgien demande un instrument à l'infirmière, celle-ci en reformule le nom en le déposant dans la main tendue. L'objectif est dans ce cas de vérifier que l'objet passé est bien le bon et donc que l'ordre a bien été compris.

Il s'agit du premier but de la reformulation : vérifier la bonne compréhension des propos exprimés. On peut noter que lors des situations à forts enjeux on la pratique systématiquement. On l'applique aussi assez souvent quand la communication n'est pas parfaite, comme au téléphone.

Reformuler consiste donc à répéter à votre interlocuteur ce qu'il vient de vous dire. On peut répéter le propos mot pour mot ou bien sous une forme un peu différente, en le synthétisant par exemple.

Elle a d'autres objectifs. Elle permet de montrer à l'interlocuteur qu'on l'écoute et ainsi de favoriser son expression, de l'aider à approfondir sa pensée et à aller au bout de son raisonnement.

Une reformulation commence par des expressions comme : « Si j'ai bien compris... », « En d'autres termes... », « À votre avis... », « Selon vous... ».

LA BONNE LONGUEUR D'ONDES

C'est une évidence, la communication passe mieux quand les protagonistes sont sur la même longueur d'ondes. Vouloir améliorer la communication suppose de chercher à s'adapter et à réduire au moins temporairement la distance entre l'autre et soi.

Un exemple d'adaptation à son interlocuteur

Pierre-Jakez Hélias[1] donne une illustration frappante de l'adaptation à son interlocuteur dans son roman autobiographique *Le Cheval d'orgueil*. L'histoire se passe au début du XXe siècle en Bretagne dans la société rurale, dans laquelle l'un des signes ostentatoires de la fortune est la richesse du costume et plus particulièrement des broderies qui l'ornent. Plus elles sont serrées et éclatantes et plus le propriétaire du costume est fortuné. Chacun faisait broder le plus richement possible un pan de sa veste et plus modestement l'autre pan.

---

1. Écrivain et enseignant né en 1914 dans le Finistère, Pierre-Jakez Hélias a consacré sa vie à sauvegarder la mémoire et les traditions de la civilisation paysanne bretonne du début du XXe siècle.

> Quand un riche discutait avec un pauvre, la veste du riche était boutonnée avec le pan modeste sur le dessus et la veste du pauvre avec le pan le plus riche sur le dessus. Ainsi, chacun faisait un pas vers l'autre et la distance entre les deux s'en trouvait réduite. La communication entre personnes de statuts sociaux différents était alors facilitée.

S'adapter à l'autre, c'est s'efforcer de le connaître, de le comprendre et de réduire la distance entre lui et nous.

Être sur la même longueur d'ondes c'est être sur la longueur d'ondes de l'autre.

site utile

Pour être sur la même longueur d'onde que vos interlocuteurs étrangers, visitez le site Executive Planet. C'est une référence dans le domaine de la communication interculturelle. Il propose de très nombreux conseils pour bien communiquer avec des interlocuteurs étrangers.
www.executiveplanet.com

Jouer avec sa voix

Une voix se définit par de nombreuses caractéristiques sur lesquelles on peut jouer.

Le **volume** (fort ou faible) doit être ajusté à la taille de la salle et à l'éloignement des participants.

Le **registre**, quant à lui, peut être grave ou aigu. Un registre grave est plus confortable à entendre. Une voix très aiguë est particulièrement désagréable pour l'auditoire. C'est pourquoi il est préférable lors d'une conférence d'adopter un registre de voix un peu plus grave que son registre normal.

Le **débit** (ou la vitesse de parole), l'**articulation** (ou la diction), la **modulation** et l'**accentuation** (l'accent mis sur un mot ou une syllabe pour les mettre en valeur) sont également les caractéristiques qu'on peut faire varier selon les situations.

ENTENDRE SA VRAIE VOIX POUR POUVOIR PROGRESSER

On ne s'entend pas soi-même comme les autres nous entendent. La voix que nous entendons est un mélange de ce qui nous parvient par les oreilles et au travers des os du crâne. La différence avec notre « vraie voix » peut être sensible.

Or, il est indispensable de l'entendre pour pouvoir progresser. Le seul moyen est de passer par l'enregistrement. Au début, il est probable que vous ne la reconnaîtrez pas, voire que vous ne l'aimerez pas. Petit à petit, vous allez apprendre à la reconnaître, à identifier ses défauts pour pouvoir les corriger.

Pour y parvenir, soyez aussi attentif aux réactions des autres, qui vous donneront quelques indications. Est-ce qu'on vous demande de parler plus fort ou moins fort, par exemple ?

VARIER L'INTONATION

Peut-être avez-vous vu ce vieux film avec Fernandel, *Le Schpountz ?* Fernandel y joue le rôle d'un apprenti acteur qui veut démontrer son talent. Pour cela, il va prononcer la même phrase : « Tout condamné à mort aura la tête tranchée », (un article du Code civil de cette époque) avec différentes intonations. En fonction des demandes, il va exprimer tour à tour : la tristesse, la joie, la surprise… Bien entendu, la démonstration réussit et montre le talent d'acteur de Fernandel.

Elle illustre aussi le fait que **les mots ont moins d'importance que la manière de les prononcer.**

L'intonation, c'est la musique, le mouvement mélodique de la voix. Une personne passionnée par son sujet trouve généralement l'intonation juste. Au contraire, une voix monocorde est synonyme d'ennui et va à son tour ennuyer l'auditoire qui ne fera pas l'effort d'écouter.

Pour que le message passe bien, il faut que l'intonation soit en accord avec les mots prononcés. Annoncer une nouvelle sensationnelle sur un ton plat et neutre lui fait perdre une bonne partie de son intérêt.

PAS SI VITE !

Le débit moyen est de 120 à 160 mots par minute. C'est dans cette moyenne qu'il faut se tenir si on souhaite retenir l'attention de son auditoire et être compris.

Il est plutôt rare que les personnes parlent trop lentement. La plupart du temps, elles parlent trop vite. Ne vous imaginez pas que vous ferez passer plus d'informations avec un débit plus rapide. Vous en direz peut-être plus, mais il en restera moins dans l'esprit de vos interlocuteurs. Modérez-vous si c'est votre cas. On vous comprend mal quand vous parlez trop vite, car vous articulez mal. De plus, vous donnez l'impression d'être pressé d'en finir.

POSER SA VOIX

Poser sa voix consiste à trouver le bon registre ni trop grave, ni trop aigu : le médium. C'est ce que font les professionnels de la voix : les comédiens, et également les hommes politiques et autres conférenciers qui veulent développer leur impact.

Avoir la voix bien posée permet de parler plus longuement sans fatigue. On n'a pas besoin de forcer pour se faire entendre. On est moins sujet aux enrouements ou extinctions de voix.

Une voix bien posée est en outre une voix plus agréable à entendre. Sachez que sous la pression du trac, la voix a tendance à devenir plus aiguë, ce qui est désagréable à entendre.

Quand elle est bien posée, la voix résonne dans ce que l'on appelle le « masque », c'est-à-dire la zone du nez et de la bouche. En posant légèrement la main sur la zone du nez, on doit pouvoir sentir des vibrations.

Pour repérer le bon registre, il faut émettre le son « humm » par le nez et tenir ce son quelques secondes pour bien en prendre conscience. Il s'agit du son que l'on émet sans parler, à bouche fermée pour manifester son approbation. Si on sent des vibrations en posant la main sur la zone du nez, c'est que la voix que vous avez trouvée est bien votre médium. Vous pouvez alors ouvrir la bouche et prononcer « aaaaaa » en continuant à ressentir la vibration dans le nez.

BIEN ARTICULER

Une bonne articulation est indispensable pour bien se faire comprendre. Elle permet à des personnes n'ayant pas une voix très forte de se faire entendre.

Parmi les très nombreux exercices d'articulation qu'on peut trouver, nous vous proposons quelques exercices variés et assez difficiles. Ils vous permettront de développer votre virtuosité articulatoire.

1. Va ! chemineau, chemine sur le chemin, et, chaque soir, dans chaque chaumière, chaudement choyé sous la cheminée, chacun cherchera au charme de ton récit chaleureux à réchauffer son courage, chemineau !

2. Le juste juge José Jaugeon, dit Jojo Jaugeon, ayant jugé que les juges jugeant au jugement du Jura les jaugeurs qui devaient jauger avaient faussé le jaugeage, décida que ces jaugeurs mal jaugeant ne jaugeraient plus.

3. Je veux et j'exige.

4. Sachez que Sacha cherche ses cent six sachets de serge chez Sancho le changeur, et que le chien du sage chasseur chasse ses chats dans les souches sèches des sauges sauvages.

5. Un banc peint blanc, plein de pain blanc, un blanc banc peint plein de blanc pain.

6. Gros gardon gratiné.

7. Sciez ces chers sièges et ces seize chaises.

8. Cinq capucins ceints de leurs ceintures, sains de corps et d'esprit, portaient sur leur sein le seing du Saint-Père.

9. Ciel ! Si ceci se sait, ces soins sont sans succès.

10. Le fisc fixe exprès chaque taxe fixe excessive exclusivement au luxe et à l'exquis.

11. Un pâtissier pâtissait chez un tapissier qui tapissait. Le tapissier qui tapissait, dit au pâtissier qui pâtissait : « Pourquoi pâtisser, viens-tu pâtisser chez un tapissier qui tapisse ? ». Le pâtissier qui pâtissait répondit au tapissier qui tapissait : « Un pâtissier peut aussi bien pâtisser chez un tapissier qui tapisse qu'un tapissier chez un pâtissier qui pâtisse. »

VARIER POUR INTÉRESSER

En conclusion de ce chapitre sur la voix, soulignons que bien des moyens sont à notre disposition pour introduire de la variété. On peut ainsi :

- hausser ou baisser le ton,
- accélérer ou ralentir le débit,
- insister sur un mot en particulier,
- ménager des silences : faire des pauses plus ou moins brèves,
- parler plus ou moins fort,

- faire une courte pause avant et après un mot fort pour le mettre en valeur,
- etc.

N'hésitez pas à les utiliser.

Bien s'exprimer

> « Quand on se fait entendre, on parle toujours bien.
> Et tous vos biaux dictons ne servent pas de rien »
>
> MOLIÈRE, *Les femmes savantes.*

Ainsi que l'a souligné Molière, l'essentiel dans la communication, c'est de se faire comprendre. Cela ne signifie pas pour autant qu'il faille ignorer les règles de la grammaire ou de la syntaxe, mais plutôt qu'il faut chercher à dire les choses le plus simplement possible. Bien s'exprimer, c'est être précis, bref, faire des phrases courtes et employer un vocabulaire adéquat.

Tout cela n'est pas incompatible avec une certaine élégance dans l'expression, bien au contraire. La vraie élégance réside dans la simplicité, le choix du mot juste et précis plutôt que dans l'emphase.

ÊTRE PRÉCIS

Nous avons souvent tendance à rester dans le vague. L'imprécision permet de conserver une marge de manœuvre pour le futur. Ce qui peut parfois être utile. Néanmoins, si nous souhaitons communiquer clairement, être parfaitement compris et donner à notre interlocuteur tous les éléments dont il a besoin pour agir et se sentir en sécurité, il est préférable d'être précis.

Définir clairement ce que l'on veut réellement dire, puis l'exprimer de manière intelligible est un premier pas vers la compréhension mutuelle.

Comparez : que préférez-vous entendre de la part de la société qui assure la maintenance de votre photocopieur ?

« *On vient dès que possible* »,

ou

« *Patrick, notre technicien, sera chez vous à 11h30.* »

Éviter les noms et pronoms imprécis

On, nous, ils, les informaticiens…

Éviter les verbes imprécis

Faire, gérer, être…

Éviter les généralisations

Tout, toujours, personne, jamais, tout le monde…

ÊTRE BREF : RÉSISTER À L'ENVIE DE TOUT DIRE

Pour être percutant, il faut être synthétique et donc savoir faire ressortir l'essentiel. Ce n'est pas en noyant l'interlocuteur sous les détails que nous gagnerons en efficacité.

Il faut donc savoir résister à l'envie de tout dire. Avant de rentrer dans les précisions, il faut se mettre à la place de l'autre et se demander ce qui va l'intéresser.

FAIRE DES PHRASES COURTES

Ne vous perdez pas dans les « phrases à tiroirs ». Acceptez d'être simple. Exprimez une seule idée par phrase. Rapprochez-vous le plus possible de la structure la plus sobre : sujet + verbe + complément. Plus vos phrases seront courtes, plus elles seront faciles à comprendre.

Évitez les pléonasmes qui compliquent inutilement le langage. Ils sont fréquents à l'oral parce que l'on tente de renchérir, d'enfoncer le clou :

« Nous détenons le monopole exclusif sur le produit X… », « J'ajouterai de plus… ».

Employez de préférence le présent de l'indicatif. C'est le temps de l'action.

UTILISER UN VOCABULAIRE ADÉQUAT

Pour être facilement compris, il faut privilégier des mots courts, simples et connus de notre interlocuteur. Évitez particulièrement le jargon professionnel.

COMMUNIQUER POSITIVEMENT

Il ne suffit pas d'avoir soigneusement sélectionné vos arguments. Encore faut-il les mettre en valeur en adoptant une communication positive. Pour cela, évitez tout ce qui peut amoindrir ou minimiser votre discours et vos idées.

Éviter les mots noirs

On les emploie à longueur de journée, y compris pour évoquer une idée positive. Ainsi, pour dire que tout va bien, disons-nous : « Pas de problèmes », ou pour dire à notre client qu'il peut nous appeler, lui disons-nous : « N'hésitez pas à nous appeler. » Ces expressions toutes faites sont à éviter car elles suggèrent une image négative. Lorsque nous disons « Pas de problèmes », nous évoquons le fait qu'il pourrait bien y en avoir un.

Voici quelques exemples de mots à éviter, on pourrait en citer d'autres : ennui, problème, souci, danger, crise, inconvénient.

Être affirmatif

Être affirmatif ne consiste pas à asséner ses arguments de façon docte sans respect pour l'interlocuteur et sans laisser de place à une autre façon de considérer la situation. Il s'agit simplement d'éviter les expressions qui minimisent la force des arguments en introduisant un doute. Ces expressions sont très nombreuses, on les emploie de manière automatique sans même y penser.

Évitez	Car
Je crois que...	Si vous croyez, c'est que vous n'êtes pas sûr.
Il me semble que ...	S'il vous semble, c'est que quelqu'un pourrait être d'un autre avis.
Peut-être...	Mais vous n'en êtes pas sûr.

Savoir s'affirmer

Par modestie, par timidité, certaines personnes ont tendance à utiliser des expressions qui minimisent et donc décrédibilisent leur propos. Elles se rabaissent elles-mêmes et se mettent ainsi en situation d'infériorité.

S'affirmer, c'est aussi employer le « je » plutôt que le « on ».

Évitez	Préférez
Excusez-moi de vous déranger. Si vous en avez le temps, j'aurais souhaité avoir votre avis sur un dossier.	Je souhaiterais avoir votre avis sur un dossier. À quel moment serez-vous disponible ?
Je voudrais vous poser quelques petites questions.	Je voudrais vous poser quelques questions.
Au cours de ce petit exposé...	Au cours de cet exposé...
Pourriez-vous éventuellement me confier ce dossier ?	Pourriez-vous me confier ce dossier ?
On ne peut pas accepter que...	Je ne peux pas accepter que...

Repérer ses tics de langage pour les éviter

Hein ? D'accord ? Voilà ! Ben, euh… Je veux dire… Si tu vois ce que je veux dire. Tout à fait ! Absolument !

Nous avons tous nos tics personnels de langage. Ce sont des expressions ou des phrases qui reviennent régulièrement dans notre bouche. Comme les gestes parasites, ils sont gênants parce qu'ils détournent l'attention que doit avoir le public pour le message à faire passer.

Nous pouvons tous citer au moins un professeur victime d'un tic. L'une de nous se souvient encore d'un professeur qui répétait régulièrement « donc, par conséquent ». Double erreur, car cela se doublait d'un pléonasme. À chaque apparition de ces mots, l'ensemble de la classe cochait un bâton. Inutile de préciser que l'enseignement de ce professeur perdait en efficacité ce qu'il gagnait en comique.

Si la fréquence à laquelle se manifeste votre tic, ou vos tics, n'est pas très importante, inutile de changer quoi que ce soit. Si, au contraire, cela revient régulièrement, il faut faire quelque chose. Demandez autour de vous. Si vous avez un ou des tics de langage, les personnes qui vous entourent sauront vous dire ce qu'il en est.

Donner une explication claire

Dans la vie professionnelle, les occasions de donner des explications ne manquent pas. Former un nouvel arrivant ou un intérimaire, montrer une procédure, déléguer une activité, donner une consigne, expliquer l'utilisation d'un logiciel ou d'un matériel à un collègue voire à un client, autant de circonstances au cours desquelles il faut faire preuve de pédagogie.

Expliquer quelque chose à quelqu'un n'est pas aussi simple qu'il y paraît. Nous avons tous l'expérience des indications incompréhensibles du technicien informatique. Technicien tellement compétent qu'il n'est pas capable de se mettre à la portée du pauvre utilisateur lambda que nous sommes.

Car la difficulté majeure de l'explication est bien de se mettre à la portée de l'autre, et pour cela de se mettre à sa place et donc de s'efforcer d'imaginer ce qu'il connaît du sujet. Quand on possède parfaitement son sujet, il est paradoxalement plus difficile de l'expliquer, car on mesure mal l'ignorance de l'autre.

L'idéal serait de pouvoir mettre la personne en situation. Plus on est acteur, plus on s'approprie les choses. Mais, hélas, ce n'est pas toujours possible.

FAIRE LE POINT DE LA SITUATION

Avant de rentrer dans les explications, un bref point de la situation vous permettra d'être plus efficace.

*   La personne concernée (ou les personnes concernées).

    – Que connaît-elle du sujet ? Plus elle sera familiarisée avec le sujet, plus on pourra se contenter d'explications théoriques. Moins elle le sera, plus il faudra la faire participer, et utiliser d'autres moyens que les explications.

    – A-t-elle d'autres connaissances sur lesquelles on pourrait s'appuyer ? L'analogie est un moyen puissant de faire passer les idées.

    – Est-elle motivée ? Une personne n'apprend et ne retient que si elle est motivée pour cela. Si nécessaire, il faudra peut-être lui montrer en quoi l'apprentissage est intéressant et utile pour elle.

    – Quelles sont ses attentes ? À quoi les explications vont-elles lui servir ?

    – Est-ce que je suis légitime à ses yeux ?

- Le sujet.
  - Faudra-t-il donner des explications complémentaires ?
  - Jusqu'où faudra-t-il aller dans les explications ?
- Comment vais-je m'y prendre ?

BIEN FAIRE PASSER SON EXPLICATION

Tout d'abord, il est important de situer le contexte, de donner à votre interlocuteur une idée générale de ce qui va être expliqué. En effet, il est rassurant et motivant de savoir où l'on va. De plus, la personne suivra plus facilement si elle a une idée générale du sujet.

Ce logiciel permet de… Je vais tout d'abord t'expliquer comment… Puis on passera à… Enfin…

Le choix du vocabulaire a une grande importance. Plus que jamais, il faudra :

- utiliser un vocabulaire accessible, simple et précis ;
- éviter autant que possible le jargon, les acronymes, les abréviations, les termes techniques compliqués ;
- donner la parole à votre interlocuteur, le solliciter, l'inciter à poser des questions, lui proposer de reformuler ce qu'il a compris ;
- faire des synthèses partielles tout au long de l'explication pour résumer l'essentiel de vos explications.

Pour faire passer son message, on pourra utiliser divers moyens en fonction des situations :

- les exemples permettent de rendre les explications beaucoup plus concrètes ;
- les anecdotes rendent le sujet plus vivant ;

- les comparaisons, utiliser une situation que la personne connaît déjà pour faire comprendre un point plus difficile ;
- les schémas, dessins, photos sont également très utiles pour illustrer le propos.

Savoir raconter des histoires

Nous sommes tous un peu restés des enfants, qui aiment les contes de fées. D'où le succès d'une nouvelle discipline importée récemment des États-Unis : le *storytelling* ou l'art de raconter des histoires.

Le *storytelling* aide à mieux faire passer des messages, convaincre et marquer les esprits parce que l'on s'adresse plus à l'émotion qu'à la raison. Remarquons que nous retrouvons ici le pathos de la rhétorique.

On utilise déjà beaucoup le *storytelling* en formation, en recourant à des histoires métaphoriques. Les formateurs peuvent se servir d'une métaphore pour mieux faire comprendre un concept ou pour sensibiliser davantage. Les images marquent davantage les esprits et sont mieux mémorisées que les démonstrations rationnelles.

Le *storytelling* connaît un grand succès aux États-Unis depuis le milieu des années 1990. Certains commentateurs ont parlé d'une renaissance, d'un nouvel « âge narratif ». Pour d'autres, il s'agirait plus d'une continuité que d'une rupture. La narration serait partie prenante de l'âme américaine. À la fois pays mythique, terre d'espoir des immigrés de toute la planète, patrie de Mark Twain et de Walt Disney, et inventeurs d'Hollywood, les États-Unis étaient tout désignés pour utiliser la narration dans toutes les sphères de la vie politique et économique. George Bush notamment et ses conseillers en communication (dits *spin doctors*) en feraient un grand usage.

Certaines grandes entreprises se sont servies du *storytelling* dans le domaine de la communication interne pour évaluer la culture d'entreprise et la faire évoluer. Il a été utilisé pour conduire d'importants changements plus facilement, la fusion de sociétés, l'identification et la constitution de communautés d'intérêt et de pratiques, la communication interculturelle dans des organisations globales. Il permettrait une évolution rapide des idées ou des représentations mentales et donnerait de nouveaux repères partagés, faciliterait la communication.

En publicité, on utilise largement l'histoire de l'entreprise pour créer des mythes. Ces derniers véhiculent des images fortes et sympathiques vis-à-vis des clients. Pensons à de nombreuses marques de produits alimentaires qui font appel à l'imaginaire du consommateur : la grand-mère rassurante qui cuisine de bons petits plats, l'artisan expert qui fabrique du vrai chocolat ou des bonbons à l'ancienne, le marin qui va pêcher du bon thon pour fabriquer de bonnes boîtes de conserve.

Le *storytelling* a ses détracteurs, qui l'assimilent à une nouvelle forme de manipulation. Ils estiment que des histoires séduisantes peuvent être tournées en mensonges et en propagande et ainsi influencer le salarié, le consommateur ou l'électeur.

Il est vrai que cela peut être une technique puissante. Comme de nombreuses techniques (et pour paraphraser le fabuliste Ésope qui affirmait que la langue était la meilleure et la pire des choses), la nocivité du *storytelling* dépend principalement de son utilisation. Rappelons-nous que les histoires de notre enfance avaient aussi le but de contribuer à nous éduquer et à construire notre personnalité.

Il ne s'agit pas de remplacer l'utilisation des faits et de la raison. Il s'agit de la compléter.

Pourquoi ne pas vous essayer à l'art de la narration ? Vous trouverez ci-dessous des conseils utiles pour vous lancer, ainsi qu'un exemple d'histoire utilisée en formation.

TROUVER UNE HISTOIRE

La première étape consiste à trouver une histoire. Pas n'importe laquelle, mais plutôt une que vous aimez. Il vaut mieux commencer avec une histoire courte. Ce peut être :

- une expérience que vous avez vous-même vécue professionnellement par exemple. Ce sont ces histoires personnelles dont certaines grandes entreprises organisent la collecte. Des *success stories* ou des aventures toutes simples qui frappent les esprits parce qu'elles racontent la vie de « vraies gens » ;

- une histoire issue de la tradition orale. Il s'agit souvent des plus faciles à mémoriser ;

- une histoire sortie d'un livre que vous avez lu. Il existe de nombreux ouvrages sur le sujet ;

- une histoire vraie que vous avez lue dans la presse ou entendue à la télévision.

Un récit est bon parce qu'il s'adresse à l'imaginaire de l'auditoire et contient un message.

Il est bien sûr en phase avec le message que vous voulez faire passer et avec votre auditoire. Vous pouvez adapter une histoire existante en fonction de ces critères.

S'APPROPRIER L'HISTOIRE

Pour obtenir l'effet souhaité, il faut que l'histoire devienne pour vous une seconde nature. Pour cela, il est nécessaire de travailler. Il n'est pas utile de tout apprendre par cœur.

N'hésitez pas à faire des répétitions devant votre miroir ou en vous enregistrant.

RACONTER L'HISTOIRE

Certaines histoires se racontent en trente secondes à la machine à café ou dans l'ascenseur. D'autres prennent plus de temps et se racontent en réunion.

Raconter une histoire a forcément quelque chose d'un peu théâtral. Ne vous en privez pas ! Sachez ménager le suspense. Variez l'intonation de votre voix, utilisez des gestes.

Soignez vos personnages, c'est ce qui donnera de la vie à votre histoire.

N'ayez pas peur des répétitions. Les vieilles histoires de notre enfance n'en manquaient pas. Elles facilitent la mémorisation.

Commencez et terminez par un élément fort. C'est ce qui restera dans l'esprit de vos auditeurs.

> ### L'histoire du seau troué[1]
>
> Un porteur d'eau chinois avait deux seaux suspendus aux deux extrémités d'un morceau de bois qu'il portait sur son épaule.
> L'un des seaux fuyait et perdait presque la moitié de son eau en cours de route.
> Cela dura deux ans, pendant lesquels, chaque jour, le porteur d'eau ne livrait qu'un seau et demi d'eau à chaque voyage.
> Le seau troué avait honte. Au bout de deux ans il s'adressa au porteur d'eau.
> « Je me sens coupable, et je te prie de m'excuser. »
> « Pourquoi ? » demanda le porteur d'eau. « De quoi as-tu honte ? »
> « Je n'ai réussi qu'à porter la moitié de mon eau à notre maître, pendant ces deux ans, à cause de ce trou qui fait fuir l'eau. Par ma faute, tu fais tous ces efforts, et, à la fin, tu ne livres à notre maître que la moitié de l'eau. »
> Le porteur d'eau fut touché par cette confession et répondit :

---

1. Avec un amical clin d'œil à Élisabeth Couzon.

« Pendant que nous retournons à la maison du maître, je veux que tu regardes les fleurs magnifiques qu'il y a au bord du chemin. T'es-tu rendu compte qu'il n'y avait de belles fleurs que de *ton* côté, et presque aucune du côté du seau intact ? C'est parce que j'ai toujours su que tu perdais de l'eau, et j'en ai tiré parti.

J'ai planté des semences de fleurs de ton côté, et, chaque jour, tu les as arrosées tout au long du chemin. Pendant deux ans, j'ai pu grâce à toi cueillir de magnifiques fleurs qui ont décoré la table du maître. Sans toi, jamais je n'aurais pu trouver ces fleurs. »

Morale de l'histoire : Nous sommes tous des seaux troués. Nous avons tous nos blessures, nos défauts.

Ce sont nos blessures, nos défauts qui rendent nos vies intéressantes et exaltantes. Il faut apprendre à les aimer.

Cette histoire est utilisée en formation « Estime de soi » pour inciter les personnes à baisser leur niveau d'exigence vis-à-vis d'elles-mêmes et à savoir recadrer de manière positive ce qui peut sembler négatif au premier abord.

Argumenter, convaincre

TEST : ÊTES-VOUS UN FIN NÉGOCIATEUR ?

Cochez la réponse qui vous ressemble le plus.

	Tout à fait	Moyennement	Pas du tout
1. Vous obtenez le plus souvent gain de cause lors de vos demandes.			
2. Vous préparez systématiquement vos négociations.			
3. Vous n'avez jamais osé demander une augmentation de salaire.			

4. Vous pensez que la spontanéité est encore la meilleure façon de s'en sortir en négociation.			
5. Vous avez le sentiment que, globalement, votre manager tient plutôt compte de vos propositions.			
6. Avant de présenter une demande, vous réfléchissez aux objections que votre interlocuteur pourrait vous opposer.			
7. Vous pensez que, de toute façon, c'est le manager qui décide, alors à quoi bon argumenter !			
8. Il vous arrive de sortir d'un entretien en ayant eu le sentiment de ne pas avoir réussi à vous faire comprendre.			
9. Vous étayez vos demandes par des faits.			
10. Vous ne présenteriez pas votre demande de la même manière à deux personnes différentes.			

Calculez votre score.

Pour les questions 1, 2, 5, 6, 9, 10 :

- comptez 3 points si vous avez répondu « tout à fait » ;

- comptez 2 points si vous avez répondu « moyennement » ;

- comptez 1 point si vous avez répondu « pas du tout ».

Pour les questions 3, 4, 7, 8 :

- comptez 1 point si vous avez répondu « tout à fait » ;

- comptez 2 points si vous avez répondu « moyennement » ;
- comptez 3 points si vous avez répondu « pas du tout ».

Totalisez l'ensemble des points.

Résultats du test.

Votre score se situe entre 25 et 30.

Vous êtes un fin négociateur ! Vous savez préparer votre argumentation et l'adapter à la personne qui est en face de vous. Vous vous donnez les meilleures chances de réussir.

Votre score se situe entre 17 et 24.

Vous ne vous débrouillez pas si mal, mais vous avez encore des progrès à faire.

Votre score se situe entre 10 et 16.

La négociation n'est pas votre truc ! Rassurez-vous, bien négocier s'apprend. C'est ce que nous proposons d'explorer au cours de ce chapitre.

Certaines personnes ont l'art de convaincre. Elles avancent tout naturellement les arguments qui font mouche et trouvent sans difficulté apparente la réponse appropriée aux objections les plus pertinentes. Peut-être les avez-vous enviées si vous êtes doté de ce qu'on appelle l'esprit d'escalier[1].

Cette capacité à convaincre est-elle innée comme la couleur des yeux et des cheveux ou résulterait-elle d'un apprentissage qui serait à la portée de tous ?

La part d'inné est incontestable. Certains ont d'indéniables aptitudes dans ce domaine. Nous pouvons tous citer des orateurs qui font preuve d'un charisme capable de passionner leurs interlocuteurs.

---

1. Vous avez l'esprit d'escalier, si le bon argument, la bonne idée vous viennent trop tard, quand vous avez quitté votre interlocuteur et que vous êtes dans l'escalier pour partir.

Soulignons toutefois qu'il n'est pas indispensable d'être un brillant orateur pour savoir argumenter. Certains orateurs célèbres pour leurs qualités oratoires sont connus également pour ne pas laisser de souvenirs dans l'esprit de leurs auditeurs[1]. On peut très bien être timide, ne pas être à l'aise à l'oral et trouver les mots et les arguments justes.

De plus, il existe des techniques simples qui permettent de renforcer l'argumentation. Les personnes brillantes que nous admirons les mettent souvent en œuvre intuitivement ou de façon délibérée.

La maîtrise de ces techniques et l'entraînement vous aideront à développer cette compétence si utile.

S'INSPIRER DE LA RHÉTORIQUE

Homme d'État romain né au Ier siècle avant Jésus-Christ, Cicéron est surtout connu comme un orateur remarquable. Il publia de nombreux ouvrages considérés comme un modèle de l'expression latine classique. Il est une des figures de l'art de la rhétorique.

Le mot « rhétorique » a pris de nos jours une connotation plutôt négative. Il évoque une éloquence un peu creuse, uniquement préoccupée de la forme et des effets oratoires au détriment du fond. Et pourtant les ensei- gnements de la rhétorique sont loin d'être superficiels. Ils nous sont toujours utiles.

La rhétorique est l'art de bien parler, et de persuader, généralement au moyen du langage. Selon Cicéron, elle agirait sur trois leviers : logos, ethos, pathos. Ces trois leviers forment un tout et sont indissociables. Si le logos joue sur la dimension rationnelle, l'ethos et le pathos jouent davan- tage la carte de la séduction.

---

1. De mauvaises langues affirment que ce serait le cas de certains hommes politiques.

- **Le logos** s'adresse à la raison, à la partie rationnelle de notre interlocuteur. C'est le contenu même de notre intervention. Les qualités à privilégier sont la réflexion, la logique, le raisonnement, les arguments rationnels et factuels.

- **L'ethos** concerne notre crédibilité, notre légitimité à intervenir sur le sujet, la confiance qu'on peut avoir en nous. Les qualités à privilégier pour inspirer confiance sont la vertu, la bienveillance, la franchise, la droiture.

- **Le pathos** joue la carte de l'émotion, des sentiments et de la communication de ces sentiments. On s'adresse à la sensibilité de l'auditoire (ses tendances, passions, désirs, sentiments, émotions...).

Si l'on pense bien évidemment à agir sur le levier logos, celui de la rationalité, du raisonnement, de la logique, de l'expertise, on pense peut-être moins à agir sur les deux autres leviers.

Le logos appartient au domaine de l'argumentation ; un argument est, selon *Le Petit Larousse*, une « preuve, [une] raison qui appuie une affirmation, une thèse... » On cherche alors à convaincre, c'est-à-dire à « amener quelqu'un par raisonnement ou par preuves à reconnaître la vérité, l'exactitude d'un fait ou sa nécessité... »

Au-delà de la conviction, on trouve la persuasion. Persuader, c'est « amener quelqu'un à faire, à vouloir quelque chose... », toujours selon *Le Petit Larousse*. On n'est plus seulement dans le domaine de la rationalité. On joue aussi sur le ressort du sentiment, celui de l'ethos et du pathos. L'adhésion à la thèse de l'autre est plus complète.

- *Pensons à asseoir notre légitimité avant d'entrer dans le vif du sujet.*
- *Sachons aussi jouer la carte de l'émotion pour toucher notre auditoire.*

PRÉPARER SON ARGUMENTATION

Au risque de vous décevoir, sachez que l'argument irrésistible qui marcherait dans tous les cas de figure n'existe pas.

La préparation est une phase incontournable dans la réussite de votre négociation. Moins vous avez l'habitude d'argumenter, plus il faudra y consacrer de temps. N'hésitez pas à utiliser papier et crayon et à noter noir sur blanc ce que vous prévoyez de dire.

Se fixer un objectif précis et réaliste

La première étape consiste à être bien au clair avec votre projet de façon à l'avoir bien en tête tout au long de la négociation. Soyez précis, que voulez-vous réellement obtenir ?

* Faire prendre une décision ?
* Faire acheter ?
* Vous faire reconnaître ?
* Obtenir une augmentation de salaire, de budget ?
* Expliquer une position ?
* Légitimer un choix ?
* Faire adhérer ?
* Autres ?

Prendre en compte son interlocuteur

Votre argumentation aura d'autant plus de chances d'avoir de l'impact qu'elle sera adaptée à votre interlocuteur.

C'est pourquoi il est bien préférable de réfléchir d'abord à la personnalité de votre interlocuteur avant de réfléchir à vos arguments. En effet, si vous pensez d'abord à ces derniers, vous en trouverez qui ont de bonnes chances de vous convaincre vous-même, mais pas votre interlocuteur.

Pour bien argumenter, il faut donc savoir :

• qui il est, ce qui le préoccupe ou l'intéresse, à quel type d'arguments il est sensible d'une manière générale ;

• quel est son style de communication ;

• quelles connaissances il a du sujet de la négociation et quel est son avis.

Cela vous permettra de choisir :

• les arguments à utiliser de préférence ;

• le ton, le mode d'argumentation ;

• la nature des informations à donner.

S'appuyer sur des faits

Avant de rentrer dans le détail des différents styles de communication possibles, soulignons l'intérêt qu'il y a à argumenter sur la base de faits. C'est tout particulièrement vrai lorsque l'on s'adresse à un manager.

Quelle que soit sa spécialité, quel que soit son style de communication personnel, un manager expérimenté est nécessairement rompu à l'utilisation de faits. C'est le mode de raisonnement qu'on attend de lui. Il y sera donc sensible.

Les faits et les chiffres crédibilisent nos propos et nos arguments.

Avant d'utiliser d'autres arguments, pensons donc à recenser les faits.

Connaître et utiliser les quatre styles de communication

Tout d'abord, il faut donc pouvoir identifier le style prédominant de votre interlocuteur. On rencontre quatre grands types de centres d'intérêt :

- les personnes centrées sur l'action,
- les personnes centrées sur les méthodes,
- les personnes centrées sur les hommes,
- les personnes centrées sur les idées.

Chacun de nous est un mélange des quatre tendances. Mais nous avons tous notre style dominant.

Les personnes centrées sur l'action

Elles s'intéressent à la réussite, aux tâches à accomplir, à la progression, à la résolution des problèmes, aux faits, à la logique.

Comment argumenter pour les convaincre :

- mettre d'abord l'accent sur les résultats (énoncer la conclusion dès le début) ;
- souligner le caractère pratique des idées annoncées ;
- présenter rapidement la meilleure recommandation (ne pas offrir de nombreuses solutions de rechange) ;
- être aussi bref que possible.

Les personnes centrées sur les méthodes

Elles s'intéressent à l'organisation, à la structuration, à la rigueur, aux détails.

Comment argumenter pour les convaincre :

- être précis, donner des détails ;
- organiser son exposé de façon logique ;
- mettre l'accent sur ce qui a été fait par le passé ;

- présenter ses recommandations par catégories ;
- prévoir des options, envisager d'autres solutions et en indiquer les avantages et les inconvénients.

Les personnes centrées sur les hommes

Elles s'intéressent aux interactions, à la communication, au travail en équipe.

Comment argumenter pour les convaincre :

- prendre le temps du contact (soigner la relation avant de rentrer dans le vif du sujet) ;
- souligner les liens entre la proposition et les gens concernés ;
- montrer les avantages que l'idée formulée a eus par le passé pour les personnes.

Les personnes centrées sur les idées

Elles s'intéressent aux concepts, aux théories, aux échanges d'idées, à l'innovation, à la créativité, aux nouveautés.

Comment argumenter pour les convaincre :

- consacrer assez de temps à la discussion ;
- ne pas s'impatienter si l'interlocuteur fait une digression ;
- dès le début, s'efforcer de lier le thème examiné à un concept ou à une idée plus large (autrement dit, conceptualiser le thème du débat) ;
- souligner le caractère original, intéressant de l'idée ou du thème discuté ;
- mettre l'accent sur la valeur ou l'incidence de l'idée examinée pour l'avenir ;
- s'efforcer dès le début de souligner les idées maîtresses sur lesquelles reposent la proposition ou la recommandation formulée. Commencer par une déclaration générale et s'acheminer progressivement vers le détail.

Un peu d'entraînement

Vous voulez proposer une nouvelle organisation du travail à votre manager. Comment argumenter en fonction de son style ?

Personne centrée sur	Arguments
l'action	
les méthodes	
les hommes	
les idées	

Corrigé

Voici des exemples de ce que l'on pourrait argumenter.

Personne centrée sur	Arguments
l'action	Nous allons gagner 20 % de temps sur cette activité.
les méthodes	Nous passons actuellement 13 h 30 par semaine sur cette activité qui mobilise 60 % de l'effectif pendant la moitié de la matinée. Ce que je vous propose, c'est de : 1.xxx 2.xxx 3.xxx Nous pouvons avec cette nouvelle organisation espérer un gain de 20 % de temps sur cette activité, soit 2 h 42 par semaine.
les hommes	Cette nouvelle organisation apporterait beaucoup de confort aux collaborateurs de l'équipe.
les idées	Nous serions les premiers de l'entreprise à mettre en œuvre une organisation aussi innovante.

Test : Quel est votre style de communication ?

Et vous, quel est votre style de communication ? Quels arguments faut-il utiliser pour vous convaincre ? Découvrez-le en répondant aux questions de ce test.

Pour chaque description, cochez la réponse qui vous ressemble le plus

	Tout à fait	Moyennement	Pas du tout
1. On dit de vous que vous êtes quelqu'un de rationnel.			
2. Dans votre métier, ce qui vous plaît avant tout, ce sont les contacts humains, l'ambiance.			
3. Vous êtes très créatif(ve), vous fourmillez d'idées en permanence.			
4. Vous êtes reconnu(e) pour votre grande rigueur.			
5. Vous avez horreur de la routine, vous adorez le changement et les nouveautés.			
6. Vous êtes pragmatique et terre à terre.			
7. Vous aimez que les projets avancent. Vous avez horreur de perdre votre temps.			
8. Vous aimez que le travail soit bien planifié et vous contrôlez son exécution.			
9. Vous appréciez particulièrement la coopération et le travail d'équipe.			

10. Vous êtes quelqu'un de chaleureux(se) et attentif(ve) aux autres avant tout.			
11. Vous êtes plutôt prudent(e) et savez faire preuve de patience.			
12. Vous savez vous donner des objectifs.			
13. Vous êtes imaginatif(ve) et, parfois, les autres ont du mal à vous comprendre.			
14. Vous êtes sensible et émotif(ve), parfois trop.			
15. Vous aimez les concepts et les grandes idées.			
16. Vous êtes avant tout efficace et productif(ve).			
17. Vous êtes logique et rationnel(le).			
18. Certains vous trouvent un peu égocentrique.			
19. Vous êtes décidé(e) et rapide.			
20. Vous êtes quelqu'un de très spontané.			

Comptez 1 point pour toutes les descriptions pour lesquelles vous avez répondu « tout à fait » et reportez-le dans le tableau suivant face au numéro de la description. Totalisez les points en colonnes. La colonne pour laquelle vous avez obtenu 4 ou 5 points correspond à votre style de communication dominant.

	Action	Méthodes	Hommes	Idées
	6	1	2	3
	7	4	9	5
	12	8	10	13
	16	11	14	15
	19	17	20	18
Total				

UTILISER LES TECHNIQUES DES COMMERCIAUX

Les deux techniques présentées ci-dessous ont pour but de nous rappeler qu'une communication efficace prend en compte son destinataire.

Elles partent du schéma de la communication que nous avons déjà vu au début de cet ouvrage.

Un émetteur s'efforce de faire passer un message à un récepteur en utilisant un canal (en l'occurrence l'expression orale).

Émetteur | Message | ⟶   Récepteur

Pour que le message passe, l'émetteur doit le rapprocher du récepteur :

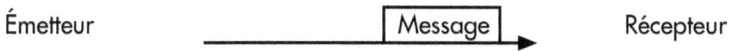

Émetteur | Message | ⟶   Récepteur

Le principe du SONCAS

L'acronyme SONCAS liste les motivations d'achat. Elles peuvent tout à fait s'appliquer pour l'« achat » d'une proposition.

Vous constaterez qu'elles peuvent nous concerner tous, surtout celles qui traitent de l'argent donc des économies. Comme pour les styles de communication, nous avons tous notre ou nos dominante(s).

S comme sécurité

Ce qui intéresse avant tout la personne c'est la fiabilité. Elle est attachée à la rigueur, à la garantie, au contrôle. Elle cherche à éliminer les risques.

O comme orgueil

Le client cherche à être valorisé par son achat, qu'il s'agisse d'améliorer son image de marque au travers du produit, du fournisseur, ou de gagner des marques de « reconnaissance » de la part du vendeur lors de la transaction.

N comme nouveauté

La personne est attirée par l'innovation. Elle souhaite avant tout être à la pointe du progrès. Elle aime la technologie, les projets.

C comme confort

La personne cherche surtout à réaliser des gains de temps ou de confort. Elle aime la facilité, la simplicité. Elle ne sera pas intéressée par des solutions compliquées.

A comme argent

La personne est avant tout à la recherche d'un gain ou d'une économie par rapport à son budget. Elle est intéressée par la rentabilité, la productivité.

S comme sympathie

La personne est surtout sensible au climat relationnel, à l'équipe, aux relations en général.

La technique APB

La technique APB (avantage-preuve-bénéfice) est basée sur l'idée que l'attirance de notre interlocuteur pour une proposition ne réside pas forcément dans les avantages ou les plus qu'elle possède, mais plutôt dans l'intérêt que cette offre présente pour lui.

L'APB nous oblige à changer de point de vue et à envisager la situation du point de vue de l'interlocuteur. Ma proposition peut avoir de nombreuses qualités, mais si elle ne présente pas d'intérêt pour mon interlocuteur, elle ne sera pas retenue.

Voyons la démonstration de cette technique.

	Commentaires	Exemples
Avantage	L'avantage est le plus que présente votre proposition. Il est indispensable de le mentionner. C'est intéressant, toutefois cela ne concerne pas encore directement l'interlocuteur. Le message reste du côté de l'émetteur.	Cette organisation permettra de gagner dix heures par semaine…
Preuve	C'est une preuve que votre proposition présente bien cet avantage.	En traitant les dossiers de cette manière, on gagne xx minutes par dossier…
Bénéfice	C'est le bénéfice personnel ou professionnel que votre interlocuteur pourrait retirer à accueillir favorablement votre proposition. Cela concerne directement votre interlocuteur. Le message passe de son côté.	Cela permettra au service d'atteindre ses objectifs dès le mois prochain.

CHOISIR SES ARGUMENTS

Les différents types d'arguments

Vous êtes en faveur de la réduction de la vitesse au volant. Comment argumenter face à un interlocuteur qui, lui, est contre ? Voici les différents types d'arguments que l'on peut utiliser.

L'argument d'autorité

C'est l'argument a priori incontestable. Il fait référence à une autorité reconnue ou particulièrement compétente en la matière. Elle peut être d'ordre moral, scientifique, technique, politique ou religieux. Pensons à des personnalités comme l'Abbé Pierre ou le professeur Jacquard par exemple.

Il peut s'agir aussi simplement d'une personne qui a l'expérience du sujet en question pour l'avoir vécu. Un fournisseur peut ainsi citer un de ses clients qui a déjà expérimenté le produit qu'il essaie de vous vendre.

L'important dans ce type d'argument est de choisir une autorité qui soit reconnue par l'interlocuteur.

> Le professeur xxx de l'hôpital xxx, spécialisé dans les soins aux accidentés de la route, estime que les accidents liés à la vitesse sont ceux qui laissent aux blessés les séquelles les plus lourdes.
>
> Une marque d'aliments pour animaux de compagnie se vante d'être « la marque que les chiens achèteraient ». Ils sont effectivement les mieux placés pour savoir ce qu'ils aiment. Si le chien vu à la télévision aime telle marque de croquettes, il y a des chances pour que le mien l'apprécie aussi.

Les données factuelles

Une technique très proche de l'argument d'autorité. Elle consiste à énoncer des faits, des chiffres, des exemples. Une argumentation a priori incontestable aussi, sauf si l'interlocuteur brandit un autre chiffre ou un autre exemple.

> La vitesse au volant est la première cause d'accidents mortels sur la route. C'est ce que révèle la dernière étude de la prévention routière portant sur…

L'argument d'évidence

Par opposition à l'utilisation de données factuelles, on ne cherche pas à démontrer, on affirme. Pour cela, on fait appel au bon sens de tout un chacun. On se réfère à un ensemble d'évidences, de connaissances, de croyances communément partagées et bien connues.

> Il est bien évident qu'il est plus dangereux de rouler à 150 kilomètres à l'heure qu'à 130.

> Toutes les personnes de bon sens savent qu'il est plus dangereux de rouler à 150 kilomètres à l'heure qu'à 130.

Les avantages

Il s'agit de présenter les avantages de votre thèse dans différents domaines.

> Réduire de 10 kilomètres à l'heure la vitesse limite permet de diminuer votre facture de carburant de 14 % à chaque plein. C'est également une baisse de CO_2 de 13 %, donc un bienfait pour la planète.

Les grands principes

On fait référence aux grands principes moraux, éthiques admis de tous.

> Conduire trop vite, c'est prendre le risque de devenir un assassin de la route.

Se faire le porte-parole

On ne parle pas en son nom propre, mais au nom d'un groupe plus ou moins identifié.

> Comme beaucoup de pères de jeunes adolescents, je suis très inquiet de savoir qu'ils côtoient sur les routes des personnes qui ne respectent pas les limitations de vitesse.

> En ma qualité de président de la Ligue en faveur de la réduction de la vitesse au volant…

L'analogie

Elle consiste à prendre un exemple dans le même domaine ou dans un domaine différent.

> Vous ne conduiriez pas sous l'emprise de l'alcool, car vous êtes une personne responsable. Eh bien, conduire à 150 kilomètres à l'heure est aussi irresponsable et criminel que de conduire avec un gramme d'alcool dans le sang.

> « Si General Motors avait eu la même progression technologique que l'industrie informatique, nous conduirions aujourd'hui des voitures coûtant 25 dollars et qui parcourraient 1 000 miles avec un galon d'essence. » Bill Gates lors d'un salon informatique.

> « Si General Motors avait développé sa technologie comme Microsoft,… votre voiture aurait un accident sans raison compréhensible deux fois par jour… » Extrait de la réponse de General Motors à Bill Gates.

L'induction

Il s'agit de partir d'un cas particulier pour en tirer une règle générale. Passer du particulier au général.

> Untel a eu un accident alors qu'il roulait à 135 kilomètres à l'heure. Cela montre bien que la vitesse est dangereuse.

La déduction

C'est le contraire, partir du général pour aller au particulier.

> Il est dangereux de rouler trop vite. Tu devrais ralentir.

Le lien de cause à effet

On établit un lien de cause à effet entre différents éléments, actes, situations.

> C'est parce que l'on ne maîtrise pas son véhicule à 150 comme à 130 kilomètres à l'heure, parce que nos routes sont trop encombrées qu'il est dangereux de ne pas respecter les limitations de vitesse.

Lister les avantages et les inconvénients de votre proposition

Une bonne compréhension de la situation vous permettra de mieux argumenter et de valider le réalisme de votre objectif. Prenez le temps d'analyser votre projet, ses avantages, ses inconvénients, pour les personnes auxquelles vous allez le soumettre et pour vous-même.

Listez pour chacun des protagonistes, les avantages et les inconvénients de votre proposition.

Personnes concernées	Avantages	Inconvénients
Mon interlocuteur		
Moi		
Autres		

Recenser les arguments, les objections possibles et les réfutations

> Un argument ne vaut que par la valeur qu'il a pour l'autre.

La meilleure manière d'évaluer un argument est donc de s'exercer à le réfuter en se mettant à la place de l'interlocuteur.

Cela permet :

- de jauger la valeur de l'argument pour l'autre ;
- d'affiner, de préciser, de peaufiner l'argument pour qu'il ait plus d'impact.

Nous vous invitons à utiliser la grille ci-dessous pour bien vous préparer. Elle vous permettra de gagner en confort, pertinence et esprit d'à-propos pendant votre argumentation.

La méthode que nous vous proposons est la suivante.

1. Recensez tout d'abord tous les arguments possibles. Notez les faits, illustrations et exemples qui appuient ces arguments.

2. Recherchez ensuite les objections possibles en vous plaçant du point de vue de votre interlocuteur.

3. Préparez enfin les réfutations que vous pourriez apporter.

Arguments	Objections	Réfutations

MENER L'ENTRETIEN DE NÉGOCIATION AVEC SUCCÈS

Sans doute, ressentirez-vous un peu de trac à l'approche de l'entretien. Respirez profondément, décontractez-vous, abordez l'entretien avec une idée positive de votre interlocuteur et de vos chances de succès.

Rentrez directement dans le vif du sujet. Remerciez brièvement votre interlocuteur de vous recevoir. Exposez clairement et rapidement le but de l'entretien. Vous montrez ainsi votre détermination. Pas besoin d'insister, votre interlocuteur connaît déjà la raison de votre visite.

> Merci de me recevoir. J'ai demandé à vous rencontrer pour vous exposer mon projet de xxx. Dans un premier temps, je vous présenterai mes constats, puis je vous proposerai des pistes de…

Hiérarchisez vos arguments de façon méthodique.

Présentez vos arguments un par un. Il vaut mieux dérouler un argument jusqu'au bout plutôt que de présenter une longue liste d'arguments mal expliqués.

Écoutez ce qu'il vous dit, ne lui coupez pas la parole. Essayez de vous mettre à sa place et de comprendre son point de vue.

Ne vous bloquez pas face à ses objections. Deux cas peuvent se produire.

Dans le premier cas, vous aviez prévu l'objection. Ayez le triomphe modeste. Reconnaissez la pertinence de son objection puis proposez votre réfutation :

> Vous avez raison. Toutefois, il faut savoir…

Dans le second cas, vous n'aviez pas prévu l'objection. Votre interlocuteur fait état d'une information que vous n'aviez pas ou vous n'aviez pas envisagé la situation sous cet angle par exemple. Soit la bonne réponse vous vient, c'est parfait. Soit elle ne vous vient pas, reconnaissez-le et demandez éventuellement du temps pour revoir votre dossier.

La fin de l'entretien arrive. Récapitulez et faites-vous confirmer les points d'accord. Remerciez votre interlocuteur. Adressez-lui très rapidement un bref compte rendu qui synthétise ces points d'accord.

Développer son esprit d'à-propos

Sous le coup de l'émotion, vous avez du mal à trouver les mots qu'il faut ? Vous éprouvez de la difficulté à répondre à une question surprise ? La bonne idée vous vient trop tard ? C'est après coup que vous vous dites : « J'aurais dû lui répondre xxx » ?

C'est sans doute que vous auriez intérêt à travailler votre esprit d'à-propos.

RÉPONDRE AUX QUESTIONS SURPRISES

Une question surprise survient. Bien entendu, lors de la phase de prépara-tion, vous aurez essayé d'anticiper les interrogations. Mais il peut arriver que vous n'ayez pas la réponse à la question posée.

C'est le trou, la panique. Votre esprit se vide. Vous n'avez rien à dire. Comment s'en sortir dans ce cas ? Nous vous proposons trois solutions pour faire face.

Première solution

Pas de panique, c'est normal, on ne peut pas tout savoir. Vous éviterez la bouffée d'adrénaline en vous étant persuadé à l'avance de cette vérité première.

Il est préférable d'éviter de répondre à côté. Reconnaissez simplement et calmement que vous n'avez pas la réponse à la question. En admettant cela, vous démontrez votre confiance en vous.

Demandez si une personne dans la salle pourrait apporter la réponse à votre place. Si personne ne peut le faire, promettez de vous renseigner à l'issue de la réunion et de faire parvenir la réponse au questionneur.

Deuxième solution

Vous tenez à répondre (ou la situation vous y oblige).

* D'abord prenez votre temps. Respirez. Éventuellement reformulez la question.

* On peut toujours aborder une question de plusieurs points de vue. Choisissez celui que vous connaissez dans la question.

* Recherchez les souvenirs, lectures récentes, expériences personnelles, etc., qui peuvent se raccrocher au sujet.

* Organisez vos idées dans une structure simple.

Troisième solution

La troisième solution consiste à renvoyer la question au questionneur. Attention dans ce cas à bien soigner le ton de votre voix. Il ne doit surtout pas laisser transparaître d'agressivité, mais plutôt un intérêt bienveillant :

* Et vous-même qu'en pensez-vous ?

* Pourquoi me posez-vous cette question ?

S'ENTRAÎNER À IMPROVISER

Improviser, cela ne s'improvise pas !

Certes, cela consiste bien à trouver des idées très rapidement au moment où l'on en a besoin. Mais l'entraînement est une aide précieuse en la matière. Plus vous aurez entraîné votre esprit à improviser, plus vous pourrez compter sur lui au bon moment.

Il s'agit de travailler la fluidité mentale, c'est-à-dire l'aptitude à mobiliser rapidement ses idées, et la fluidité verbale, autrement dit l'aptitude à mobiliser rapidement ses mots.

Voici quelques exercices qui vous aideront à développer votre fluidité. Vous pouvez en improviser d'autres sur le même modèle. Vous pouvez en outre profiter de nombreuses circonstances de la vie de tous les jours pour vous entraîner : réunions familiales, amicales ou entre collègues.

Exercice 1

Vous êtes contre la peine de mort (ou l'interdiction du tabac dans les lieux publics, ou la corrida, ou la limitation de vitesse sur autoroute, ou le port du voile par les jeunes filles à l'école, etc.). Vous avez deux minutes pour trouver cinq arguments pour convaincre un partisan.
1.
2.
3.
4.
5.
Changez ensuite de personnage. Vous étiez un anti. Devenez un partisan. Trouvez cinq arguments pour convaincre un anti.
1.
2.
3.
4.
5.

Exercice 2

Prenez deux minutes pour imaginer cinq utilisations possibles, et toutes différentes, pour une assiette à soupe (ou un pot de fleur, une fourchette, un rasoir mécanique, etc.).

1.
2.
3.
4.
5.

Exercice 3

On vous dit : « Tu n'es pas sérieux. » Prenez cinq minutes pour imaginer le maximum de réponses possibles.

Exercice 4

Exercice d'association d'idées. Prenez un mot au hasard dans un journal et trouvez le maximum d'association d'idées à partir de ce mot.

L'apport de l'improvisation théâtrale

L'improvisation théâtrale est utilisée comme moyen de formation par de plus en plus d'entreprises. Elle est pratiquée également par des particuliers dans le cadre d'ateliers.

Elle permet de développer la créativité individuelle, l'esprit d'initiative et la prise de risque. Elle améliore en outre la communication interpersonnelle en interne comme en externe.

Votre entreprise propose peut-être des ateliers d'improvisation, pourquoi ne pas vous lancer et découvrir cette technique. Si rien de semblable n'est proposé, rejoignez un atelier.

La formation en ateliers alterne théorie et mise en pratique, à partir de jeux et d'exercices d'improvisation.

bon à savoir

Les ateliers Les Improvisades vous proposent d'« apprendre l'improvisation ». Si vous ne connaissez pas l'improvisation théâtrale, vous avez la possibilité d'expérimenter cette technique au cours d'une séance de découverte avant de vous inscrire définitivement.
www.improvisades.org

Partie **2**

OUVRIR LES PORTES

Porte **A**

L'entretien en face à face
ou au téléphone

Selon Bernard Diridollou[1], la réussite des entretiens professionnels s'appuie sur quatre axes :

1. L'efficacité : elle consiste à être d'abord et avant tout centré sur les résultats de l'entretien : faire passer efficacement son message, trouver une solution adaptée.

2. La relation : elle consiste à porter son attention sur la qualité de la relation établie. C'est, par exemple, favoriser l'expression de son interlocuteur ou dépassionner le débat.

3. Les techniques : elles permettent à l'entretien d'être productif : il s'agit de l'écoute active, de la reformulation et du questionnement.

4. La méthode : il s'agit d'utiliser une méthode de préparation et de conduite de l'entretien pour une plus grande clarté et une plus grande efficacité.

Pour être efficace, il est important d'être attentif à ces quatre axes et de maintenir un équilibre entre eux. Il faut accorder à chacun la place nécessaire, ni plus, ni moins.

---

1. DIRIDOLLOU (Bernard). *Réussir vos entretiens professionnels*, ESF éditeur, 2005.

Ainsi une personne trop centrée sur le premier ne pensera qu'aux résultats qu'elle attend de l'entretien. C'est pourquoi, elle pourra être trop pressée d'en finir et ne pas obtenir toutes les informations utiles.

Une personne trop centrée sur la relation accordera trop d'importance au climat, à l'ambiance et pas assez à l'efficacité. Elle pourra perdre de vue l'objectif de la rencontre.

Une personne trop centrée sur les techniques ou la méthode oubliera qu'elles ne sont que des outils, pas une fin en soi et surtout pas une garantie absolue de réussite.

L'IMPORTANCE D'UNE BONNE PRÉPARATION

Quelle que soit la nature de l'entretien, la préparation est un facteur important de réussite. Paradoxalement, elle permet de communiquer de façon plus libre, plus spontanée et plus profonde. Se préparer consiste à (selon les situations) :

- définir précisément les objectifs de l'entretien et sa structure ;

- prévoir les objectifs, les questions ou critiques de l'interlocuteur et préparer les réponses à apporter ;

- rassembler les documents utiles ;

- prévoir un lieu et un moment adaptés ;

- prévenir son interlocuteur à l'avance pour qu'il puisse se préparer aussi.

L'entretien d'embauche

Bien se préparer et adopter un comportement courtois et assertif donnent les meilleures chances de réussir un entretien d'embauche.

LA PRÉPARATION

Une bonne préparation est capitale pour la réussite de l'entretien. Elle vous permettra d'être plus détendu et sera gage de sérieux et de motivation vis-à-vis de votre interlocuteur.

Connaître l'entreprise et le poste proposé

La première chose à faire est de bien vous renseigner sur l'entreprise. Vous montrerez ainsi votre motivation. Faites un tour sur son site web pour avoir une idée de son secteur d'activité, de ses produits (notamment de ses produits phares) de sa stratégie et des grands dossiers du moment.

Renseignez-vous sur la fonction de la personne qui vous reçoit, la nature et la durée de l'entretien.

Préparez des questions sur l'entreprise et le poste en question. Elles montreront votre intérêt et votre implication.

Réfléchissez aux raisons pour lesquelles votre candidature est bien adaptée au poste, à vos points forts et à vos points faibles.

Soigner sa présentation

Habillez-vous de façon à être à votre avantage, mais en vous sentant à l'aise. Tout en sachant rester vous-même, prévoyez un style vestimentaire en accord avec ce que vous pouvez imaginer du style de l'entreprise. Il vaut mieux être un peu trop bien habillé que pas assez. Sauf si vous savez pertinemment que les collaborateurs de l'entreprise adoptent un look branché, en règle générale, choisissez une tenue relativement classique et actuelle.

> **bon à savoir**
>
> Lors d'un entretien de recrutement, il est préférable d'adopter une tenue classique.

Préparer les documents utiles

Emportez au moins le texte de l'annonce, la lettre de motivation Que vous avez envoyée, des cartes de visite, un exemplaire de votre CV, vos diplômes, vos certificats de travail, etc. Si cela est possible, prenez des exemples de réalisation de travaux que vous avez menés à bien. En fonction des métiers, cela peut être un book, un livre, des articles, une étude, un rapport. Munissez-vous également d'un bloc et d'un stylo pour prendre des notes, ainsi que de votre agenda au cas où un deuxième rendez-vous devrait être fixé immédiatement.

Préparer ses réponses

L'objectif du recruteur est de chercher à bien vous connaître rapidement de façon à évaluer la bonne adéquation de votre candidature avec le poste proposé.

Il va chercher à connaître :

* votre formation,
* votre expérience professionnelle,
* vos compétences professionnelles,
* votre personnalité,
* votre motivation pour le poste.

Votre formation

Le recruteur cherchera à obtenir des renseignements complémentaires à ceux que vous avez fournis dans le CV et à vérifier votre sincérité et votre cohérence concernant votre parcours.

N'hésitez pas à préciser les formations professionnelles que vous avez suivies depuis la fin de vos études. Le fait d'avoir cherché à continuer à vous former montre votre souci de progresser.

Votre expérience professionnelle

Le recruteur cherchera à se faire une idée sur le déroulement de votre carrière, les motifs de départ, le choix des postes, ainsi que sur votre sincérité et votre cohérence.

Exemple de questions habituelles :

Parlez-moi de vos expériences professionnelles.
Qu'est-ce qui est important pour vous dans le travail ?
Pourquoi avez-vous choisi le poste que vous occupez actuellement ?
Avez-vous le sentiment d'avoir particulièrement bien réussi ?
Je vois que vous êtes resté deux ans chez X. Pourquoi avez-vous quitté cette entreprise pour aller chez Y ?
Avez-vous des objectifs, et lesquels ?
Qu'en était-il de leur réalisation ?
Quels sont ceux qu'il vous était plus difficile d'atteindre ?
Parlez-moi des problèmes que vous avez eus à résoudre… Comment les avez-vous résolus ?
Quels sont les aspects de votre travail actuel que vous aimez le plus ?
Quels sont ceux que vous aimez le moins ?
Quelles sont vos plus grandes forces sur le plan technique ?

Vos compétences professionnelles

Il s'agit d'appréhender vos aptitudes techniques et humaines.

Exemple de questions habituelles :

Qu'est-ce qui vous semble important pour réussir dans ce métier ?
Si vous rencontriez le problème suivant, comment vous y prendriez-vous pour le résoudre ?
Selon vous, la réussite dans cette fonction implique que son titulaire maîtrise bien quels domaines ?

Pouvez-vous me parler un peu de la façon dont vous procédez lorsque vous avez à prendre une décision technique ou organisationnelle importante ?

Quelles sont les améliorations que vous avez pu apporter dans votre dernier poste ?

Votre personnalité

Exemple de questions habituelles :

Parlez-moi de vous…

Comment vous décrivez-vous ?

Si vous pouviez vous changer, que choisiriez-vous de changer ?

Quels sont vos points forts, vos qualités ?

Quels sont vos points faibles, vos défauts ?

Qu'est-ce qui vous motive dans votre travail ?

Quels sont vos centres d'intérêt extra-professionnels ?

Dans votre vie, qu'estimez-vous être votre meilleure réalisation ?

Quels ont été vos plus grands échecs professionnels ?

Votre motivation pour le poste

Le recruteur cherchera à savoir pourquoi vous avez répondu à l'annonce, le genre de travail que vous recherchez et dans quelles circonstances vous avez quitté ou allez quitter votre poste.

Exemple de questions habituelles :

Qu'est-ce qui vous a intéressé dans notre annonce ?

Pour quelles raisons souhaitez-vous trouver une nouvelle situation ?

Depuis combien de temps cherchez-vous du travail ?

Pourquoi aimeriez-vous entrer dans notre société ?

Avez-vous d'autres postes en vue ? Si plusieurs situations vous sont proposées, en fonction de quels éléments choisirez-vous ?

Pourquoi pensez-vous que ce poste peut vous convenir ?

Quels sont les points qui vous paraissent les plus intéressants dans le poste que nous offrons ?

Comment vous voyez-vous dans cinq ans ?

Si vous aviez plusieurs propositions, quels seraient vos critères de choix (hiérarchisez-les) ?

L'ENTRETIEN LUI-MÊME

Un entretien long est plutôt un bon signe, car il indique l'intérêt porté au candidat. Un entretien qui ne dure pas plus d'une trentaine de minutes n'est pas bon signe.

Il y a trois grands types d'entretien :

• l'entretien en face à face avec une personne ;

• l'entretien face à un groupe de plusieurs personnes qui constituent comme un jury. Parfois, certaines personnes seulement parlent, les autres se contentent d'observer ;

• plusieurs candidats peuvent être reçus ensemble. Cette méthode permet d'observer comment les candidats se comportent en groupe. Un thème de réflexion est donné et les candidats débattent à plusieurs en un temps limité. Il faut être précis, concis, structuré, argumenté. Tout en prenant sa place dans le groupe, il faut savoir écouter les autres et être ouvert à leurs avis.

Les premières minutes

Un préalable indispensable : arrivez à l'heure. Comptez large pour le trajet. Il est préférable d'aller prendre un café si vous arrivez en avance plutôt que d'arriver en retard, transpirant et essoufflé. Si pour une raison ou une autre vous étiez en retard, même de dix minutes, appelez pour avertir. Ce qui implique bien sûr d'avoir pris avec vous le numéro de téléphone de l'assistante.

En arrivant, pensez à éteindre votre téléphone portable.

Comme lors de toute rencontre, les premières minutes sont décisives lors de l'entretien d'embauche. Dès ces premiers instants, le recruteur cherchera à se faire une première impression de la façon dont vous vous présentez : votre style vestimentaire, votre présentation, la qualité de votre contact. Souriez, sans excès.

Faites preuve de courtoisie : attendez avant de vous asseoir qu'on vous y ait invité. Laissez votre interlocuteur parler en premier.

Au cours de l'entretien

Sachez vous mettre en avant tout en restant vous-même : ne vous surestimez pas, ne vous sous-estimez pas. Surtout ne bluffez pas : mettre en avant ses qualités ne veut pas dire mentir. Le recruteur va chercher à tester la cohérence de vos propos. Il faut avoir une très bonne mémoire pour mentir sans se couper.

Dosez votre temps de parole. Si vous parlez trop peu, vous donnerez l'impression d'être timide et de manquer de confiance en vous-même. Si vous parlez trop, vous donnerez l'impression de ne pas être suffisamment attentif aux autres. Mesurez parole et écoute.

Écoutez attentivement. Répondez brièvement, mais sans sécheresse, aux questions. Soyez concis, précis, donnez des exemples concrets et factuels. Ne racontez pas votre vie.

Soyez positif. Évitez les mots noirs de la communication : « problème », « échec ». Ne soyez pas négatif à propos d'un précédent employeur. Si vous devez évoquer une mésentente ou une difficulté faites-le de façon mesurée.

Soignez le non-verbal : tenez-vous droit, regardez votre interlocuteur dans les yeux. Si vous avez plusieurs interlocuteurs, regardez-les tour à tour y compris ceux qui ne prennent pas la parole. Ayez une attitude calme. Ne croisez et décroisez pas vos jambes, ne les « entortillez » pas autour du pied de votre chaise.

N'hésitez pas à prendre des notes pendant que votre interlocuteur parle. Cela souligne l'intérêt que vous portez à ses propos.

Comment réagir aux questions déstabilisantes ou indiscrètes

Certains recruteurs pourront avoir tendance à tenter de vous déstabiliser pour observer votre réaction en cas de situation de stress. Votre capacité à gérer cette situation peut être déterminante pour la suite. Vous gérerez d'autant plus facilement la situation que vous aurez identifié à l'avance les éventuelles failles de votre CV et préparé des réponses satisfaisantes, logiques et vraies. Dans tous les cas, ne vous laissez pas déstabiliser, respirez calmement.

Une question est indiscrète si elle est sans rapport avec le poste et concerne votre vie privée : famille, convictions religieuses, idées politiques, voire préférences sexuelles. Vous n'êtes pas tenu de répondre à ce genre de questions. Demandez calmement sans agressivité à votre recruteur le lien entre sa question et le poste.

La clôture de l'entretien

Faites préciser qui est à l'initiative du prochain contact et dans quel délai il doit intervenir. Pensez à remercier votre interlocuteur de vous avoir reçu.

L'entretien d'évaluation

Entretien d'évaluation et professionnel sont des moments d'entretien privilégiés avec son manager. Il importe donc de bien s'y préparer.

ENTRETIEN D'ÉVALUATION ET ENTRETIEN PROFESSIONNEL, QUELLES DIFFÉRENCES ?

Si l'entretien annuel ou d'évaluation est bien connu, l'entretien professionnel l'est moins. Il faut dire qu'il est plus récent. Il a été institué par la réforme de 2005 de la loi sur la formation.

La différence est d'autant moins nette que les acteurs sont dans les deux cas le salarié et son manager direct et que certaines entreprises cumulent les deux. Ils sont pourtant différents.

Tout d'abord, l'entretien professionnel doit se dérouler tous les deux ans, alors que celui d'évaluation doit se dérouler, lui, tous les ans.

De plus, leurs objectifs sont bien différents. L'entretien d'évaluation a pour but de faire le point des réalisations de l'année passée et de fixer les objectifs à atteindre pour l'année à venir. L'entretien professionnel est centré sur les évolutions professionnelles du salarié et ses besoins de formation.

L'ENTRETIEN D'ÉVALUATION

L'entretien d'évaluation ou entretien annuel intervient donc une fois par an, en début d'année avec parfois un point à mi-année.

Il a pour objectif de faire le bilan de l'année écoulée, d'apprécier les contributions à l'entreprise et de fixer les objectifs et les moyens pour l'année qui commence. Il permet ainsi de développer les performances des collaborateurs en leur précisant les attentes de l'entreprise et en les guidant dans la réalisation de leurs missions.

L'entretien d'évaluation n'est ni un examen à passer, ni un règlement de comptes. Le manager ne doit pas chercher à attaquer ou à blesser son collaborateur. Il doit tout d'abord l'aider à faire le point sur ses réalisations au cours de l'année précédente. Il doit aussi lui permettre de progresser et d'évoluer dans le respect de la stratégie de l'entreprise.

L'entretien d'évaluation donne au salarié une occasion de dialogue approfondi avec le management et d'expression de ses propres attentes vis-à-vis de l'entreprise.

Il lui permet de clarifier et formaliser sa mission et ses attributions, de négocier ses objectifs et de disposer des moyens nécessaires pour les atteindre, de mesurer son efficacité et sa valeur ajoutée, de prendre du recul.

Si l'entretien a été bien conduit, à son issue, les deux protagonistes se connaissent mieux, leur communication sera plus aisée par la suite. Le collaborateur sait ce que son manager pense de lui, il sait ce que l'avenir lui réserve.

Bien préparer son entretien d'évaluation

Une bonne préparation vous permettra d'être plus actif lors de cet entretien et de le vivre plus sereinement.

Comme on l'a vu, il comporte deux grandes parties, il faut donc les préparer toutes les deux. Il s'agit de :

- faire le point sur l'année écoulée,
- préparer l'année prochaine.

L'évaluation porte sur l'atteinte des objectifs négociés l'année précédente. Il est vraisemblable que votre responsable vous propose de faire vous-même l'évaluation de vos résultats. Il vous faudra donc établir un recueil des faits et des résultats significatifs obtenus. Il s'agit des faits importants, des initiatives que vous avez prises, de votre coopération avec les autres services.

Concernant l'année à venir, vous avez sans doute des propositions à soumettre à votre responsable. C'est le moment de les préparer.

L'ENTRETIEN PROFESSIONNEL

L'entretien professionnel a lieu au moins une fois tous les deux ans. Il est ainsi destiné aux salariés ayant plus de deux ans d'ancienneté. Il a pour but de leur permettre de faire le point sur leur parcours professionnel, d'exprimer leurs souhaits d'évolution et de co-construire leur projet professionnel avec leur manager direct.

Le salarié se projette ainsi dans l'avenir en formulant ce projet à partir de ses souhaits d'évolution et du niveau de ses compétences.

Le manager doit identifier et développer ces dernières, accompagner son projet professionnel. Il doit l'informer sur les dispositifs relatifs à l'orientation et à la formation des salariés tout au long de leur collaboration.

Dans un environnement professionnel qui change rapidement, il n'est plus possible de demeurer dans le même poste pendant des années, ni de se reposer sur des compétences acquises à un moment de sa carrière. Ce type d'entretien a pour objectif d'inciter le salarié à prendre en charge son devenir professionnel avec l'aide de son entreprise.

Il s'agit pour lui de devenir acteur de son développement et d'avoir les moyens de conserver son employabilité sur le marché. L'entretien doit le lui permettre en lui offrant :

- de faire le bilan de ses compétences actuelles, de ses capacités en général ;
- de réfléchir à ses souhaits d'évolution ;
- de bénéficier d'informations :
  - sur les évolutions prévisibles de son métier, les perspectives offertes par ailleurs, l'évolution à plus long terme de son domaine professionnel et de son environnement,
  - sur les dispositifs de formation existants ;
- de construire son projet professionnel en intégrant ses diverses informations ;

• de disposer, à court terme, de moyens complémentaires pour atteindre ses objectifs.

L'entretien téléphonique

> « *Un sourire coûte moins cher que l'électricité,*
> *mais il donne autant de lumière.* »
> Attribué à l'Abbé Pierre.

Avec le développement du portable, le téléphone a définitivement envahi notre univers. Tout le monde téléphone toute la journée, tout le monde sait se servir de cet outil.

La communication par téléphone a une particularité par rapport à la communication en face à face : elle est aveugle. Ne pouvant voir les réactions de notre interlocuteur, nous n'avons son feed-back que lorsqu'il prend la parole à son tour. Impossible donc d'adapter notre message en cours de route.

De plus, notre interlocuteur ne nous voyant pas non plus, il est privé d'une partie du message. C'est pourquoi il faut apporter un soin tout particulier à la voix et aux mots.

Le but de ce chapitre est de vous apporter des conseils complémentaires qui vous aideront à exceller dans cet exercice.

LES QUATRE ÉTAPES DE L'ENTRETIEN

Un entretien téléphonique se déroule en quatre grands temps.

1. L'accueil.

2. L'identification.

3. Le traitement de l'appel.

4. La prise de congé.

Accueillir

C'est la prise de contact avec le correspondant. La première impression est importante et influence le reste de la communication. Il faut donc soigner ces premières secondes. L'accueil doit être courtois, chaleureux et disponible. Voici quelques principes qui pourront vous guider.

- Décrocher rapidement. L'indication habituelle est de décrocher avant trois sonneries. Il vaut mieux toutefois se donner le temps de prendre de quoi noter.

- Sourire.

- Soigner le ton de la voix.

- Se présenter (prénom, nom, nom de la société et bonjour). La présentation au moment où l'on décroche le téléphone s'est tellement généralisée que la personne qui dit simplement « allô » ou « oui, j'écoute » semble peu professionnelle.

L'interlocuteur se sent accueilli, considéré, important grâce à une écoute immédiatement disponible et un ton de voix agréable.

Identifier

Avant de traiter l'appel, il faut identifier l'appelant et l'objet de la communication.

Les techniques à utiliser lors de cette étape sont :

- le questionnement ;

- l'écoute active ;

- la reformulation pour s'assurer d'une bonne compréhension.

Traiter l'appel

Il s'agit de répondre aux attentes de l'appelant dans le cadre des objectifs de sa mission et du service. On peut être amené à proposer d'autres solutions si nécessaire ou à réorienter la personne à bon escient. La « valeur ajoutée » doit toujours être perceptible.

Quelques techniques pour être plus efficace :

*   parler au présent ;

*   être positif ;

*   utiliser le « je » ou le « nous » ;

*   être précis ;

*   personnaliser la relation.

Si ne vous ne pouvez pas traiter l'affaire, vous allez devoir transférer l'appel à un autre service. Annoncez le transfert à votre correspondant et précisez-lui-en la raison, donnez-lui également le nom et le numéro de poste de votre collègue. Quand vous avez votre collègue en ligne, ne vous contentez pas d'annoncer : « C'est pour toi ! » Faites-lui part des informations que vous venez de récolter. Vous éviterez ainsi à votre correspondant de devoir répéter ce qu'il vient de vous dire.

Prendre congé

*   Résumer les points d'accord.

*   Questionner une dernière fois.

*   Soigner la prise de congé.

*   Attendre que l'interlocuteur raccroche.

SOIGNEZ LE VOCABULAIRE

Au téléphone plus que dans toute autre circonstance, le choix des mots est important.

Parlez au présent

L'utilisation du présent donne à votre interlocuteur l'impression que l'action que vous annoncez est déjà en cours. Vous renforcez le sentiment de sécurité et de prise en charge. Cela justifie bien une petite entorse à la grammaire.

Évitez	Préférez
Je vous enverrai la photocopie du contrat.	Je vous envoie la photocopie du contrat.
Je le lui dirai quand je le verrai.	Je lui transmets l'information dès que je le vois.

Soyez précis

La précision rassure votre correspondant.

Évitez	Préférez
Je vous envoie le contrat dès que possible.	Je vous envoie le contrat avant demain soir.
Je me renseigne et je vous rappelle.	Je me renseigne et je vous rappelle avant midi.

Soyez positif

Nous avons une tendance à nous exprimer de façon négative y compris pour dire des choses positives.

Évitez	Préférez
Pas de problèmes, vous ne recevrez pas la livraison en retard.	Tout va bien, vous recevrez bien la livraison le jour prévu.
Ne quittez pas.	Un instant, je vous prie.

Soyez compréhensif avec votre correspondant

Votre correspondant est en tort. Évitez de triompher ou même de souligner son erreur. C'est maladroit.

Évitez	Préférez
Vous avez mal rempli l'imprimé.	Pour remplir l'imprimé, il faut...
Pas étonnant que votre machine ne fonctionne pas si vous vous y êtes pris de cette façon.	Pour faire fonctionner la machine...

PERSONNALISEZ LA RELATION

On dit que pour chacun d'entre nous le plus beau mot de la langue française est notre propre nom. Utilisez donc celui de votre interlocuteur pour l'interpeller. Bien sûr, il faut le faire avec tact et mesure. Utiliser systématiquement le nom de votre interlocuteur est vite lassant et montre qu'on applique une technique.

Évitez	Préférez
J'ai votre dossier sous les yeux.	Monsieur Martin, j'ai votre dossier sous les yeux.
Ma collègue est absente actuellement, pouvez-vous rappeler à partir de 15 heures ?	Ma collègue est absente actuellement, pouvez-vous rappeler à partir de 15 heures, monsieur Legay ?

UTILISEZ LES TRUCS DES PROS

Utilisez les trucs des pros pour dynamiser votre communication téléphonique.

• Tenez-vous droit. Si vous êtes penché sur le côté ou affalé dans votre fauteuil, votre voix n'aura pas le même impact. De la même manière, ne vous pliez pas en deux pour ramasser un crayon ou attraper un dossier. Cela s'entend.

- Souriez. C'est bien connu, le sourire s'entend au téléphone.

- Parlez suffisamment fort, mais sans excès. Votre correspondant ne doit pas avoir à faire un effort pour vous écouter. Tenez le combiné téléphonique assez près de votre bouche, à cinq centimètres environ.

- Gardez à l'esprit le fait qu'au téléphone tout s'entend, y compris la conversation de vos voisins de bureau ou l'entrée tonitruante d'une personne dans la pièce.

- Sachez garder votre calme. Si vous vous énervez, votre voix le fera sentir.

Laisser un message utile sur une boîte vocale

Combien de messages téléphoniques difficiles voire impossibles à exploiter !

Entre la personne qui a parlé si vite que vous ne comprenez rien, celle qui ne laisse que son prénom (vous ne connaissez qu'une Karine, c'est sûr) et celle qui donne tellement de détails que vous êtes noyé, il y a de quoi s'énerver et perdre son temps.

Voici quelques conseils de bon sens pour laisser des messages utiles :

– raccrochez au besoin pour préparer votre message sur papier. Réfléchissez aux informations utiles à donner, dans quel ordre, sous quelle forme ;

– ne parlez pas trop vite ;

– articulez soigneusement ;

– indiquez votre numéro de téléphone immédiatement après votre nom : « Bonjour, ici Laurence Vimeux au 01 55 00 90 00. » Cela évitera à votre correspondant de devoir réécouter entièrement votre message s'il n'a pas bien noté votre numéro de téléphone ;

– et … souriez.

EXCELLEZ DANS LES SITUATIONS TÉLÉPHONIQUES DIFFICILES

Bien traiter la réclamation

Contrairement à ce que l'on pense quand on l'a au téléphone, le client qui réclame est une chance pour notre entreprise. En effet, il nous donne la possibilité de nous améliorer. Le client réellement préoccupant est celui qui « vote avec ses pieds », autrement dit qui part à la concurrence sans même faire part de son mécontentement.

Rares sont les entreprises qui ne commettent vraiment jamais d'erreurs. C'est pourquoi une entreprise qui reconnaît honnêtement ses erreurs et cherche à les réparer marque un point dans l'esprit de son client. Une bonne raison pour chercher à bien traiter les réclamations.

Trois idées à avoir en tête quand on traite des réclamations au téléphone

Première idée : le client qui réclame n'est pas en colère contre moi personnellement. Il est en colère à cause d'un problème ou d'une série de problèmes. Cette idée toute simple et évidente vous permettra de prendre de la distance par rapport à la situation et de pouvoir gérer vos émotions. Attention, cela ne signifie pas que vous ne devez pas vous sentir concerné par la situation. Pour l'appelant, vous représentez toute votre entreprise, quel que soit le service ou la personne responsable de l'erreur.

Deuxième idée : mon comportement a un impact direct sur celui de mon correspondant. Si je suis cordial(e) et courtois(e), je me donne des chances pour qu'il le soit aussi. Si mon comportement n'est ni l'un ni l'autre, compte tenu de la situation, il n'y a aucune chance pour que celui de mon correspondant le soit aussi.

Troisième idée : quelles sont les attentes de mon correspondant ? Il attend que son problème soit reconnu, il attend une solution rapide, il attend des informations, des explications.

Écoutez attentivement votre correspondant. S'il est vraiment en colère, la meilleure tactique est encore de le laisser parler. De toute façon, il ne vous écoutera pas. Il a besoin de parler. Il se calmera de lui-même au bout d'un moment.

D'une phrase, indiquez à votre correspondant que vous le comprenez : « Je comprends votre point de vue. » Il ne s'agit pas à ce stade de s'engager ni de lui donner raison avant d'avoir procédé aux vérifications nécessaires. Il s'agit simplement de faire preuve d'empathie.

Reformulez ce que vous avez compris.

Quand vous avez identifié le problème, donnez une explication brève. Il a droit à une explication, mais trop d'explications vont l'ennuyer. Ne cherchez pas à vous justifier. Les difficultés que rencontre votre entreprise n'intéressent pas votre correspondant. Il est bien préférable de raisonner rapidement en termes de solutions.

Si la situation le nécessite, présentez vos excuses : « Je suis désolé de ce qui vous arrive », « Je vous prie de nous excuser. » Ne minimisez pas le tort fait à la personne, cela risquerait de l'énerver. N'en rajoutez pas non plus.

Présentez des solutions. Assurez-vous que ces propositions conviennent à votre interlocuteur. Cadrer, si besoin, sa demande : « Je comprends ce que vous souhaitez. Sachez que, compte tenu de la situation, la solution xxx est envisageable. »

Pour rassurer le correspondant sur la suite du dossier, reformulez l'accord auquel vous êtes parvenus, redonnez-lui votre nom et votre ligne directe. Et bien sûr tenez vos engagements.

Bien traiter la réclamation en dix points

1. Prenez de la distance : vous n'êtes pas personnellement mis en cause.
2. Sentez-vous concerné. Du point de vue du client, vous êtes responsable de tout ce qui se passe dans votre entreprise.
3. Écoutez attentivement.
4. Reformulez ce que vous avez compris.
5. Montrez votre compréhension et votre empathie, sans vous engager trop vite.
6. Présentez vos excuses, si la situation le nécessite.
7. Donnez une brève explication.
8. Proposez des solutions et assurez-vous qu'elles conviennent. Si nécessaire, sachez recadrer des demandes excessives.
9. Reformulez les termes de l'accord.
10. Tenez vos engagements.

Annoncer une mauvaise nouvelle

Livraison retardée, colis égaré, article plus disponible, les raisons d'annoncer une mauvaise nouvelle au client ne manquent pas.

Annoncer une mauvaise nouvelle n'a rien d'évident, on sait qu'on va nécessairement provoquer une déception, voire un mécontentement. Pour atténuer l'effet négatif de la mauvaise nouvelle, nous vous conseillons de l'encadrer entre deux phrases positives.

Voici quelques exemples.

1. La commande n'est pas prête.

+	J'ai procédé aux recherches dont nous avions parlé.
–	Votre commande est en cours de préparation.
+	Je vous rappelle aujourd'hui avant 16 heures afin de vous donner la date de livraison.

2. Le produit commandé n'est pas disponible.

+	Vous nous avez commandé le téléphone référence RD 12 en bleu et je vous remercie de votre confiance.
−	Cependant cette couleur n'est pas disponible.
+	Aussi ai-je le plaisir de vous proposer les teintes suivantes : rouge, vert, jaune avec un marquage personnalisé au logo de votre société.

3. Le produit qui intéresse le client n'est plus disponible.

+	Vous nous avez contactés pour le programme de vente « résidence du bonheur » à Boulogne.
−	Ce programme a été entièrement commercialisé.
+	Je vous adresse les documentations des programmes situés dans les Hauts-de-Seine et nous serions heureux de vous les présenter au cours d'un rendez-vous.

Porte **B**

La réunion

Organiser des réunions utiles

La réunion est un gain de temps, car elle permet de transmettre la même information à plusieurs personnes en même temps. Elle favorise la synergie et la créativité et permet d'avoir des réactions immédiates. Bien conduite, elle peut être très productive, car un groupe d'individus est plus productif ensemble que séparément.

Pourtant, que de temps perdu dans des réunions inefficaces. Un groupe qui fonctionne mal engendre de considérables pertes de temps et d'énergie.

Une bonne réunion suppose une bonne préparation et nécessite un animateur ayant quelques compétences dans l'animation des groupes.

Elle se justifie lorsque la présence de chacun des participants apporte une plus-value à la communication :

- pour transmettre ou obtenir des informations,
- pour échanger des points de vue,
- pour clarifier une situation et prendre une décision,
- pour régler collectivement certains problèmes,
- pour négocier et aboutir à un accord.

LES DIFFÉRENTS TYPES DE RÉUNIONS

En fonction de leur objectif, les réunions vont nécessiter des techniques d'animation différentes.

Les réunions d'information descendante

Leur objectif est de transmettre des informations ou des consignes aux participants. La difficulté de ce type de réunions est de parvenir à faire passer son message et de maintenir l'attention des participants. C'est pourquoi elles doivent rester brèves.

Les réunions d'information ascendante ou d'expression

Leur objectif est de recueillir des informations apportées par les participants sur un sujet particulier. Il s'agit de réunir les personnes qui sont directement concernées par le sujet. Ces réunions améliorent la communication et diminuent les distances.

Les réunions d'échange d'informations

Il faut créer la synergie, favoriser l'expression de tous, éviter les dérives.

Les réunions de résolution de problèmes

Il s'agit de trouver ensemble des solutions à un problème. Elles font souvent appel à la créativité des participants et se terminent par des prises de décision et un plan d'action pour les mettre en œuvre.

Les réunions de concertation ou de prise de décision

L'objectif est de se concerter pour décider, pour arrêter une décision consensuelle.

Les réunions de conduite de projet

Elles interviennent aux différentes étapes du projet :

*   réunion de lancement de projet ;
*   réunions d'avancement ou de suivi du projet ;
*   réunion de clôture ou de bilan du projet.

Les réunions de direction

Elles sont organisées pour définir la stratégie de l'entreprise, pour assurer la coordination des projets, suivre les actions engagées et résoudre des difficultés conjoncturelles.

Les réunions impromptues

Leur but est de traiter un problème important et urgent. Par définition, ce sont les seules qui ne sont pas préparées.

Les grandes réunions

Elles réunissent plusieurs centaines de personnes.

LES RISQUES DE DÉRIVES

Sans ordre du jour précis, ni timing précis, le risque peut être une certaine inefficacité de la réunion.

Si vous êtes le manager des participants, le risque peut être une certaine passivité de leur part. Ils pourraient se trouver inhibés par le fait que leur manager anime la réunion.

Si vous êtes un collègue des participants, le risque peut être un certain flou concernant votre légitimité en tant qu'animateur et la crainte qu'en l'absence de manager les travaux du groupe ne soient pas pris au sérieux.

LES BONNES QUESTIONS À SE POSER AVANT D'ORGANISER UNE RÉUNION

Bien préparer la réunion, c'est accepter d'investir du temps pour en gagner ensuite. Une réunion mal préparée est une perte de temps, voire d'argent quand plusieurs personnes aux salaires importants passent quelques heures à discuter sans aboutir à un résultat concret.

Une réflexion préalable permettra d'augmenter l'efficacité de vos réunions. Voici une liste non exhaustive de bonnes questions à se poser.

- Quel est mon objectif ou quels sont mes objectifs ? Attention à ne pas confondre sujet et objectif. Le sujet est ce dont on va débattre. L'objectif est ce à quoi vous voulez parvenir à l'issue de la réunion. Par exemple pour un même sujet « réorganisation du service », plusieurs objectifs sont envisageables : informer de la réorganisation du service, convaincre de la nécessité de le faire, recueillir les réactions, faire émerger des propositions, etc. Ne multipliez pas les sujets. Rien de pire que ces réunions au cours desquelles on en effleure cinq ou six sans les approfondir, sans obtenir d'informations utiles, sans prendre de décisions.

- La réunion est-elle la meilleure solution dans ce cas ? D'autres formes de communication ne seraient-elles pas plus efficaces et moins *chronophages* : entretiens directs ou téléphoniques, e-mails, etc. ?

- La réunion suffit-elle ? Faut-il lui associer d'autres modes de communication avant ou après ?

- Quels participants faut-il convoquer ?

- À quel moment ?

- Où ?

- Quel ordre du jour faut-il établir ? Quelle durée prévoir pour la réunion globale et chacun des points de l'ordre du jour ? Un adulte ne soutient son attention que durant une heure trente au maximum. Si la réunion doit durer plus longtemps, il est préférable de prévoir une pause, même courte.

- De quel matériel et de quels documents aurons-nous besoin ?

L'ORGANISATION MATÉRIELLE

En fonction de la durée et de l'importance de la réunion, il faudra être attentif à tout ou partie des points suivants.

Prévoir le lieu de la réunion

- être attentif aux conditions de travail ;
- retenir la salle ;
- veiller à l'accessibilité et au parking.

Préparer l'information des participants

- rédiger l'ordre du jour en faisant figurer d'abord les sujets prioritaires ;
- rédiger la convocation, accompagnée si nécessaire d'un plan du lieu retenu.

Préparer la documentation et le matériel

- préparer la documentation : PowerPoint et documentation pour les participants si nécessaire ;
- prévoir et vérifier l'état de marche des supports d'information : tableaux papier, micro-ordinateur, vidéoprojecteur, haut-parleurs si nécessaire, rallonges électriques.

Organiser la salle

- prévoir la disposition matérielle en fonction du type d'échanges souhaité ;
- préparer les cartons pour marquer le nom des participants ;
- mettre à disposition des feuilles, des crayons, des feutres, des bouteilles d'eau et des gobelets.

Prévoir les pauses

- café, thé, jus de fruits, viennoiseries ;
- restauration si nécessaire.

Savoir animer les réunions

Le premier impératif est de commencer et terminer la réunion à l'heure prévue.

Il y a trois grandes phases dans l'animation d'une réunion.

1. Le lancement de la réunion.

2. Le déroulement de la réunion.

3. La conclusion de la réunion.

LE LANCEMENT DE LA RÉUNION

Il s'agit d'abord d'accueillir les personnes, puis de cadrer la réunion. Pour que la réunion soit efficace, les participants doivent savoir où ils vont. Il faut rappeler :

- les objectifs de la réunion ;
- l'ordre du jour ;
- la durée et le timing ;

* les méthodes de travail.

Si l'on veut bien jouer son rôle, il est difficile d'être à la fois l'animateur de la réunion, le gardien du temps *(time keeper)* et le secrétaire de séance. Il est donc préférable de distribuer ces rôles à certains participants. On peut demander des volontaires en début de réunion.

LE DÉROULEMENT DE LA RÉUNION

L'animateur a trois rôles à assumer :

1. Garant de la production du groupe ;

2. Facilitateur de l'expression ;

3. Régulateur du groupe.

Garant de la production

Pour faire avancer le débat, il doit reformuler, synthétiser ou faire préciser ce qui a été dit.

À la fin de chaque point de l'ordre du jour, l'animateur fait une brève conclusion :

* il reformule l'essentiel ;

* il rappelle les points d'accord.

Cette courte synthèse consolide et met en valeur les acquis du travail de groupe ; elle facilite le travail de la personne qui prend des notes pour établir le compte rendu.

Facilitateur de l'expression

L'animateur doit encourager la participation de tous et pour cela solliciter et questionner ceux qui s'expriment le moins.

Régulateur du groupe

Tout en restant souple, il doit canaliser les participants, les recadrer et, en cas de dérive, rappeler l'objectif de la réunion.

Il doit également être attentif aux réactions verbales et non verbales des participants. Ainsi lorsqu'une personne exprime ostensiblement son ennui (tapotement des doigts sur la table, bâillements, etc.) l'animateur doit s'interroger sur les raisons de son attitude et veiller à la ramener au sein du groupe.

Il doit enfin réguler les conflits, les désaccords et les tensions qui peuvent apparaître au sein du groupe. Les conflits doivent être réglés en dehors de la réunion.

QUELLE TECHNIQUE UTILISER EN FONCTION DU TYPE DE RÉUNION ?

Les réunions d'information descendante

Le but de ces réunions est de faire passer aux participants un certain nombre d'informations. Il s'agit plutôt dans ce cas d'un exposé, suivi d'un temps de questions/réponses.

Il faut veiller à ce que l'exposé soit bref, clair et structuré et faire en sorte d'utiliser un vocabulaire compris de tous. On peut recourir à des transparents sans en abuser. Pour ne pas être trop pesant, l'exposé doit toujours être combiné avec d'autres techniques d'animation : questions aux participants, échanges, travaux de groupes…

Les réunions d'information ascendante

Le but étant de recueillir des informations, il faut favoriser l'expression de tous. On peut commencer par une question ouverte : « Que pensez-vous de … ? »

Il faut noter au *paper board* toutes les idées émises sans critiques et s'efforcer de rester neutre.

Les réunions d'échange d'informations

Pour qu'un réel échange puisse avoir lieu, il est préférable de limiter le nombre de participants à une douzaine environ.

L'animateur doit veiller à donner la parole à tous, recadrer par rapport aux objectifs, réguler les temps de parole et les éventuels conflits.

Il doit également veiller au consensus.

Les réunions de résolution de problèmes

La structure des réunions de résolution de problèmes est souvent la même :

- au cours d'une première étape, on pose le problème pour bien définir le cadre du travail ;

- dans un deuxième temps, on identifie les causes du problème ;

- puis, on recherche des solutions pour remédier à une ou plusieurs causes du problème ;

- on décide enfin d'un plan d'action.

Ces réunions font appel à des techniques d'animation spécifiques. Pour trouver des réponses innovantes aux problèmes, il faut faire appel à la créativité des membres du groupe. Pour cela on utilise différentes méthodes qui nous permettent de mettre de côté notre rationalité pendant quelques temps.

Le brainstorming

Le brainstorming est un grand classique de l'animation de réunions de résolution de problèmes. Il a pour objectif de susciter la créativité du groupe et pour cela de lui faire produire un maximum d'idées. Au fur et à mesure de l'exercice, du fait de la stimulation, le carcan de la rationalité se desserre et les participants arrivent à produire des idées originales. Bien utilisée, cette technique permet vraiment d'exploiter le potentiel créatif du groupe.

Le brainstorming prend du temps, mais il donne des résultats. Les personnes les plus réservées peuvent avoir du mal à intervenir. C'est aussi le rôle de l'animateur que de réguler les débats.

On conseille généralement de réunir un groupe d'une dizaine de personnes. La salle doit de préférence être confortable et agréable.

Déroulement

Le brainstorming se déroule en trois temps.

1. Introduction. L'animateur cadre la réunion, présente le problème à traiter, s'assure que tout est bien clair pour les participants, le synthétise au tableau en une phrase claire et compréhensible par tous. Enfin, il pose les règles du jeu.

2. Production d'idées. Après avoir écrit la question au tableau, le rôle de l'animateur se borne à écrire toutes les réponses (il peut utilement se faire aider par un scribe), réguler les échanges et relancer la production d'idées en cas de panne.

3. Tri des idées. Une fois la créativité tarie, on relit ensemble toutes les idées pour éliminer celles qui sont hors sujet et celles qui ont été énoncées plusieurs fois. On peut ainsi éliminer jusqu'à 80 % des idées émises. Ensuite, on regroupe les idées restantes par grandes familles.

Pour passer de ce foisonnement d'idées au plan d'action, il faut établir un ordre de priorité parmi les idées. On peut le faire en proposant aux participants de voter à l'aide de gommettes pour leur idée préférée.

Règles du jeu du brainstorming

Pour que le brainstorming fonctionne bien, il est indispensable de suivre un certain nombre de règles du jeu. L'animateur doit les présenter au groupe avant le démarrage et les faire respecter tout au long de la réunion.

- La quantité prime la qualité : plus il y aura d'idées exprimées, mieux ce sera.

- Toute idée est bonne, toute idée est recevable : à ce titre, l'animateur les note toutes.

- Interdiction de censurer les idées des autres ou de se moquer des propositions des autres. Cela peut brider la créativité.

- Interdiction de s'autocensurer.

- Le pillage des idées des autres est encouragé. C'est-à-dire que l'on peut reprendre une idée émise par un participant pour la développer. C'est en renchérissant dessus qu'on en trouve parfois de très intéressantes.

Le rôle de l'animateur

L'animateur a un rôle déterminant dans la réussite du brainstorming. Il ne participe pas lui-même à la production des idées et à la discussion.

Il s'interdit toute critique, y compris non verbale, des idées émises. Il accueille les plus absurdes de la même manière que les plus pertinentes. Il veille au respect de cette règle.

Il régule le travail du groupe, répète (ou reformule si besoin) les propositions. Il relance, stimule et encourage le groupe dans sa production.

La réunion Post-it

Au contraire du brainstorming, la réunion Post-it privilégie la réflexion individuelle. En ce sens, elle favorise l'expression de tous et notamment des personnes réservées. Toutefois, on ne bénéficie pas du même effet d'émulation et de stimulation que dans le brainstorming.

Déroulement

L'animateur écrit la question au tableau. Il distribue ensuite de trois à cinq Post-it par personne (le nombre est fonction de la taille du groupe). Les participants répondent individuellement à la question avec la règle suivante : une réponse par Post-it. Quand ils ont terminé, ils collent leurs Post-it au tableau. On procède ensuite à la lecture en commun, puis au regroupement des Post-it par grandes familles.

La matrice de découverte

La matrice de découverte s'utilise selon un déroulement systématique. Elle force l'esprit à examiner de façon méthodique un ensemble d'associations pour décider de leur vraisemblance et de leur intérêt. Cela permet de trouver des solutions qu'on n'avait pas imaginées jusque-là.

Elle se présente sous la forme d'un tableau à double entrée qui croise deux listes de variables. On peut croiser par exemple des besoins à satisfaire et les moyens que l'entreprise peut mettre en œuvre.

	Moyen 1	Moyen 2	Moyen 3	Moyen 4
Besoin 1				
Besoin 2				
Besoin 3				
Besoin 4				

À chaque intersection (pour chaque cellule du tableau), on cherche :

*   la relation qui peut exister entre les deux variables. Est-ce que ce croisement est envisageable ? Est-ce qu'il a un sens ?

- les idées que cette relation peut susciter. À quoi cela me fait-il penser ?

Quatre cas sont envisageables.

1. La solution n'a pas de sens.

2. La solution existe. Nous l'avons déjà.

3. La solution existe. Nous ne l'avons pas. Un concurrent peut déjà l'avoir par exemple.

4. La solution n'existe pas, mais elle est intéressante.

LA CONCLUSION DE LA RÉUNION

Trois objectifs principaux sont à garder en tête pour la conclusion.

1. Mettre en évidence les résultats obtenus.

2. Faire valider les décisions prises et faire s'engager les participants. Qui fera quoi ? Comment ? Quand ?

3. Remercier les participants.

Les douze clés des réunions efficaces

1. Vérifiez que la réunion est bien utile.
2. Évaluez le budget temps nécessaire pour chaque point. Prévoyez une marge pour les imprévus.
3. Vérifiez que les personnes convoquées sont bien les personnes compétentes et concernées et qu'elles ne sont pas trop nombreuses.
4. Programmez la réunion à un moment et dans un lieu appropriés.
5. Faites connaître l'ordre du jour et la durée globale de la réunion à l'avance aux futurs participants.
6. Commencez et terminez la réunion à l'heure.
7. Au début de la réunion, rappelez les objectifs, l'ordre du jour, l'horaire prévu, les règles du jeu.

8. Notez ou faites noter ce qui se dit : utilisation du *paper board* et du compte rendu.

9. Surveillez régulièrement ou faites surveiller le temps passé et le temps disponible, et rappelez-le parfois aux participants.

10. Favorisez les échanges, évitez que la discussion ne soit monopolisée par quelques-uns et sollicitez la participation de ceux qui s'expriment le moins.

11. Faites des synthèses partielles afin de dégager les acquis de la discussion et de préciser l'état d'avancement par rapport à l'ordre du jour.

12. Ne levez pas la séance sans une conclusion ou une synthèse finale, par exemple un rappel de ce qui a été dit ou décidé ou un point sur l'état final d'avancement, par rapport aux objectifs et à l'ordre du jour prévus au départ.

Traiter les situations d'animation difficiles

L'OPPOSANT

Cherchez à dépassionner le débat et à détendre l'atmosphère. Faites de l'humour avec mesure. Parlez de façon calme. Témoignez-lui de la sympathie et essayez de voir quelle part de vérité contiennent ses critiques.

Invitez-le à présenter des faits, des cas précis, des exemples illustrant ses propos.

Si nécessaire, rappelez les règles de fonctionnement du groupe (respect des personnes).

LE MUET

Son silence ne correspond pas nécessairement à un désintérêt de sa part. Il peut être dû à de la réserve ou de la timidité. Dans ce cas, il faut l'inciter à s'exprimer et à valoriser ses interventions, le solliciter fréquemment du regard, du geste ou de la parole. Faire appel à sa compétence et à son expérience. Attention toutefois à ne pas le brusquer. Ne pas laisser un autre participant lui couper la parole ou, quand cela arrive, la lui redonner aussitôt.

LE BAVARD

Si vous avez identifié le bavard de la réunion, évitez de croiser son regard, car il en profiterait immédiatement pour se lancer dans un nouveau discours.

Une fois lancé, il est difficile de l'arrêter. Il faut lui reprendre la parole au moment où il reprend sa respiration et pour cela observer attentivement son rythme d'élocution.

Si nécessaire, lui rappeler aimablement voire avec humour les contraintes d'horaire en l'invitant à plus de concision. Cela vous sera d'autant plus facile que vous aurez précisé ces contraintes lors de l'introduction.

QUE FAIRE SI ?

Vous allez commencer, mais la salle est agitée

Ne commencez pas la réunion dans ce cas. Attendez tranquillement en silence avec le sourire que le calme revienne.

Vous êtes interrompu par quelqu'un qui manifeste son désaccord avec véhémence

Face à l'agressivité, il importe de rester calme et de ne pas entrer dans le jeu de l'agresseur en lui répondant du tac au tac. Vous iriez directement à l'escalade.

Respirez profondément, puis écoutez-le patiemment afin de voir où il veut en venir ou contre quoi il s'insurge. Reformulez l'essentiel de son intervention et apportez votre réponse.

C'est la confusion : tout le monde parle en même temps

Évitez de hausser le ton, mais baissez-le plutôt pour refléter les difficultés du groupe à s'entendre.

Prenez la parole pour résumer ce qui a été dit, rappelez les objectifs et proposez une méthode de travail.

Des tensions, des désaccords apparaissent dans le groupe

Repérez l'objet du désaccord : porte-t-il sur les faits ? les buts ? les méthodes ? les valeurs morales ? Souvent ces niveaux apparaissent confus et mélangés dans la discussion. Triez-les pour éclaircir la situation.

Essayez de comprendre et de faire comprendre les points de vue de chacun selon son cadre de référence.

Prendre la parole en public

Pour avoir prononcé de nombreux exposés devant des publics divers, notre premier constat sera : **pour réussir une bonne prestation orale, il faut y prendre plaisir**. Nous savons bien tout ce que ce conseil peut avoir d'étrange voire de saugrenu pour ceux de nos lecteurs que paralyse la peur de parler en public. Et pourtant, c'est vrai, on peut le faire et trouver cela agréable, ce qui est probablement le moteur de la réussite dans ce domaine.

Au-delà des conseils techniques que vous trouverez ci-dessous, nous vous invitons à rechercher le plaisir dans vos prises de parole. Deux conditions nous semblent nécessaires pour cela.

La première est l'entraînement. Comme dans toute activité, l'expérience développe l'aisance et la qualité de l'intervention orale. Profitez de toutes les occasions professionnelles et extra-professionnelles de prononcer un petit discours, ne serait-ce que de quelques secondes. Commencez par un cercle restreint d'amis ou de collègues avec qui vous vous entendez bien, puis petit à petit, vous passerez à la vitesse supérieure.

La deuxième condition est de développer l'estime de soi et la confiance en soi. C'est un travail de longue haleine qui nécessite de s'accepter tel que l'on est avec nos qualités et nos défauts. Il faut pour cela baisser le niveau d'exigence que l'on a vis-à-vis de soi, accepter ses limites et reconnaître ses réussites.

PRÉPARER SA PRISE DE PAROLE

Gérer son trac

Il est normal d'avoir le trac à l'idée de prendre la parole en public. On dit même qu'il serait nécessaire de l'avoir pour avoir aussi du talent. Peut-être connaissez-vous l'anecdote généralement attribuée à Sarah Bernhardt, la star du théâtre de son époque. À une jeune comédienne qui lui disait qu'avant d'entrer en scène elle n'éprouvait jamais le trac, elle aurait répondu : « Ne vous en faites pas, cela vient avec le talent. »

Il est tout à fait vrai que le trac nous permet de donner le meilleur de nous-mêmes. Comme le stress avec lequel il a bien des points communs, il nous fait puiser au fond de nous les ressources nécessaires pour faire face à l'épreuve.

Ce qui nous paralyse, c'est la peur de ne pas être à la hauteur et celle de se confronter aux regards des participants. Quelques principes permettent de contenir le trac dans des limites acceptables :

- bien préparer sa prise de parole et pour cela commencer dès que possible. Il ne suffit pas d'avoir approfondi son sujet et préparé ses transparents pour que la préparation soit terminée ;

- essayer de visiter les lieux avant ;

- prévoir de l'eau pour se désaltérer régulièrement (le trac assèche la bouche) ;

- respirer profondément ;

- ne pas rester seul, aller discuter avec les participants, plaisanter avec eux.

Et rassurez-vous : dans une bonne partie des cas, le trac diminue une fois qu'on est dans l'action.

Autre constat rassurant, **le trac ne se remarque pas toujours**. Nous l'avons expérimenté lors de très nombreuses formations à l'expression orale : il y a un décalage entre ce que l'orateur ressent et ce que le public perçoit. De nombreux stagiaires nous ont dit avoir eu le trac lors d'un exercice de prise de parole alors que le reste du groupe ne l'avait pas remarqué.

Préparer sa présentation

Voici les questions à se poser pour bien préparer sa présentation.

- Qu'est-ce que je veux dire ?

- Quel est mon objectif pour cette présentation ?

- Quel message est-ce que je veux faire passer ?

- Quel est mon auditoire ?

  – Combien sont-ils ? Contrairement à ce que l'on pourrait penser, prendre la parole devant un grand groupe n'est pas plus difficile que prendre la parole en petit comité, bien au contraire ;

– Qui sont-ils par rapport à moi (collègues, supérieurs hiérarchiques, clients, fournisseurs) ?

– Que connaissent-ils du sujet ?

– Que souhaitent-ils en apprendre lors de la présentation ?

– Quelle est leur disposition d'esprit par rapport à la présentation ?

Structurer sa présentation

Vous allez concevoir votre présentation en fonction de votre objectif, du ou des messages que vous voulez faire passer, du temps dont vous disposez ainsi que de votre auditoire.

Faites le tri dans vos idées. Ne conservez que les plus pertinentes au regard de ces critères. Rappelez-vous que « Le mieux est l'ennemi du bien. »

Organisez vos idées les unes par rapport aux autres pour constituer un parcours cohérent. Limitez-vous à trois ou quatre parties au maximum. Trouvez des liens entre les différentes parties. Donnez un titre clair et parlant à chacune des parties.

Prévoyez la deuxième partie plus courte que la première et la troisième plus courte que la deuxième. En effet, il faut tenir compte de l'effet de lassitude et de fatigue de l'auditoire et de l'affaiblissement progressif de l'attention, si brillante que soit votre intervention.

Ne rédigez pas entièrement vos notes, vous seriez tenté de les lire. Notez simplement les mots-clés.

Préparer les supports

Prévoyez des transparents, c'est devenu une quasi-obligation. N'en prévoyez pas plus de quinze à vingt. Ne les chargez pas trop : une seule idée par transparent, pas plus de six lignes, pas plus de six mots par ligne. Utilisez plutôt des schémas et des dessins que du texte.

Le but du transparent n'est pas de se substituer au discours mais de le soutenir, de l'illustrer. Il est là également pour permettre à l'auditoire de se repérer dans le déroulement de l'exposé. Chaque transparent doit clairement indiquer à quelle partie du discours il se rattache.

Vous pouvez utiliser les pages de commentaires de PowerPoint (Affichage > Pages de commentaires) pour stocker vos notes. Vous pourrez les imprimer (Fichier > Imprimer > Pages de commentaires) pour les utiliser lors de la présentation. C'est très pratique, car cela vous permet de stocker vos notes avec vos transparents, ainsi pas de risque de perte.

Soigner l'intendance

Soigner l'intendance a son importance. Vous vous sentirez plus détendu et donc plus performant si les détails matériels ont été réglés. Demandez à voir la salle avant si vous ne la connaissez pas, cela vous permettra de vous l'approprier.

Soignez le confort acoustique de votre public, essayez le micro, le vidéoprojecteur et les éclairages.

DYNAMISER SA PRISE DE PAROLE

Nous avons tous suivi (ou plutôt subi) des exposés soporifiques. Voici quelques conseils pour garder votre auditoire éveillé :

- choisissez bien l'heure de votre intervention si vous le pouvez, évitez la fin de matinée et le début de l'après-midi ;

- choisissez également la durée de votre intervention si vous le pouvez, au-delà d'une heure d'exposé, les auditeurs s'ennuient ;

- faites participer la salle. Évitez de « parler tout seul » ;

- sachez manier l'humour, avec discernement ;

- utilisez un PowerPoint « léger ». Cent cinquante diapositives bourrées de texte et de chiffres ne peuvent que provoquer la somnolence. Rappelez-vous que le diaporama n'est que le support de la prise de parole. La vedette, c'est vous, pas votre PowerPoint ;

- ne lisez pas votre diaporama, ne lisez pas non plus un discours tout préparé ;

- et surtout parlez assez fort et sachez varier le ton de votre voix.

PRENDRE LA PAROLE AVEC BRIO

De nombreuses études ont mis en évidence le fait que les participants à une conférence retenaient principalement ce qui était dit au début et à la fin de la conférence. Raison de plus pour soigner votre introduction et votre conclusion.

Soigner l'introduction

Vous le savez, l'impression que l'on produit se forme dans les premiers instants.

Le grand moment est arrivé : on annonce votre intervention. Ne vous précipitez pas ! Rendez-vous tranquillement à la place prévue. Avant de prendre la parole, prenez le temps de regarder votre auditoire et de lui sourire. L'empressement donnerait une impression de fébrilité.

Même si l'on vous a déjà présenté, faites-le brièvement à votre tour, mais clairement. Tout en affichant une certaine modestie, et sans en rajouter, démontrez en quoi vous êtes qualifié pour traiter le sujet. Il s'agit là d'asseoir votre légitimité vis-à-vis de l'auditoire. On est plus naturellement enclin à écouter l'expert du sujet. C'est l'ethos de la rhétorique.

> « Bonjour, je suis Sandrine Duval, ingénieur qualité, en poste depuis trois ans à la Direction Qualité. Je viens de terminer une enquête sur… »

Pour susciter l'intérêt de l'auditoire, vous pouvez commencer par un exemple, un chiffre clé, une question, une touche d'humour, un témoignage. Certains ont recours à un mini-sondage à main levée :

> « Qui parmi vous est concerné par… ? »

C'est un bon moyen de faire participer l'auditoire et donc de l'intéresser, de le sortir de sa passivité.

Annoncer le plan est indispensable. La plupart des personnes apprécient d'avoir des repères. Elles se sentent sécurisées. Annoncer le plan permet à votre auditoire de suivre plus facilement votre intervention. N'ayant pas à rechercher lui-même la logique de votre discours, il peut ainsi se concentrer sur vos paroles.

Il n'est pas utile pour cela d'entrer dans les détails. Il suffit d'annoncer les grandes étapes de votre discours :

> « Je vous présenterai tout d'abord les résultats de notre enquête qualité, je vous parlerai ensuite de l'expérience très intéressante de notre agence de Bordeaux, je conclurai enfin par le plan d'action. »

Précisez également la durée de votre intervention et efforcez-vous de la respecter.

Lors de la présentation, une fois que vous aurez terminé une partie, annoncez clairement la transition :

> « Voilà pour les résultats de notre enquête qualité, je vais donc vous parler de l'expérience que notre agence de Bordeaux a conduite depuis six mois sur le sujet de… »

Réussir le développement

Voici quelques conseils pour réussir votre prise de parole :

- respirez profondément ;
- créez et maintenez le contact avec votre auditoire et pour cela regardez-le. Regardez tout le monde et pas seulement les personnes qui vous sourient ;
- soyez attentif aux réactions de l'auditoire ;
- ne lisez ni vos notes ni vos transparents ;
- ne parlez pas trop vite ;
- utilisez les silences ;
- illustrez votre discours par des anecdotes, des exemples ;
- sachez utiliser l'humour ;
- habitez l'espace ;
- ponctuez votre discours avec des gestes accompagnateurs, sans excès toutefois. Trop de gestes finissent par distraire l'attention de l'auditoire. Sans en faire une obsession, évitez de tripoter en permanence votre alliance, votre montre ou de jouer avec un élastique ou un trombone ;
- n'hésitez pas à répéter l'idée ou le mot-clé ;
- fournissez des repères à votre auditoire. Il vous suivra plus facilement. « Il y a trois points de vue à prendre en compte. Le premier… », par exemple. L'assistance, avertie des trois points de vue, les attend et mémorise mieux ce que vous dites ;
- si vous distribuez des documents, ne les donnez pas au début de l'intervention, les participants seront tentés de les feuilleter et ne vous écouteront plus.

Soigner la conclusion

La conclusion va rester dans l'esprit de votre auditoire. Vous devez donc conclure :

- en rappelant les points importants, pour synthétiser l'essentiel de votre discours ;
- en énonçant un message fort, « Je vous ai donc parlé de …. Ce qu'il faut retenir, c'est… »

Remerciez votre auditoire et surtout… ne concluez pas par « Voilà » !

Cinq conseils pour s'en sortir

1. Soigner particulièrement l'introduction et la conclusion claire et concise.
2. Faire des phrases courtes.
3. Préférer des mots courts, précis et simples.
4. Savoir manier l'humour.
5. Utiliser les anecdotes et les exemples.

LES QUESTIONS/RÉPONSES

La séquence de questions/réponses arrive. Évitez le traditionnel « Avez-vous des questions ? » qui vous assure un silence de mort dans la salle. Préférez une formule plus ouverte :

> « Je vous propose qu'on passe aux échanges » ;
> « Je suis prêt à répondre à vos questions. »

Malgré l'emploi d'une formule incitative plus ouverte, ce moment occasionne souvent un blanc gênant dans l'assistance. Une fois la première question passée, généralement les choses vont mieux. Un moyen de s'en sortir est d'avoir chargé une personne dans la salle de poser cette première question ou bien de la poser soi-même :

> « Une question que l'on me pose souvent… »

Le fait de s'asseoir après avoir parlé debout est aussi une astuce pour indiquer à l'auditoire que l'exposé est clos et qu'on passe à un autre temps. Cela peut faciliter le lancement du débat.

TRAITER LES INCIDENTS AVEC FLEGME

En dépit de votre bonne préparation, l'incident se produit : le vidéoprojecteur refuse de fonctionner, les rideaux ne se ferment pas bien, donc impossible de faire le noir, vous ne retrouvez pas un document sur votre micro-ordinateur, etc.

Pas de panique, sachez garder votre calme. La façon dont vous réagirez aura plus d'importance pour votre public que l'incident lui-même.

S'il s'agit d'un détail, regrettable certes mais minime, et que l'auditoire ne risque pas de le remarquer, ne le mentionnez même pas. Ne dites pas : « J'aurais aimé pouvoir vous montrer ces photos. » Puisque vous ne pouvez pas le faire, inutile de susciter des déceptions.

S'il s'agit d'un incident plus important, et que l'auditoire ne peut pas ne pas le remarquer, traitez-le avec calme et humour. Respirez profondément, attendez que le technicien vienne remettre les choses en état. Si le technicien ne peut pas remettre le matériel en l'état, improvisez et faites sans. Votre auditoire n'en sera que plus bienveillant.

GÉRER LES PERTURBATEURS

Quelques situations délicates peuvent survenir lors de la prise de parole en public. Rassurez-vous, ces perturbations sont le plus souvent bénignes. C'est notre réaction de panique qui les amplifie. Il est préférable de les anticiper pour être prêt à y faire face si le cas se présente.

Voici quelques-uns des perturbateurs que l'on peut rencontrer.

Le bavard

La salle est agitée, les participants parlent entre eux. Inutile de prendre la parole, on ne vous entendrait pas de toute façon. Taisez-vous ostensiblement et attendez sans mot dire que le silence revienne.

Le retardataire

Si l'auditoire est peu nombreux, saluez-le et resituez-lui en une brève phrase le point de la réunion auquel vous étiez parvenu : « Nous étions en train d'évoquer… »

Si le retardataire n'est pas familier des lieux, invitez-le à prendre place.

Si l'auditoire est nombreux, ou s'il s'agit d'un habitué des retards, inutile de saluer le retardataire.

Le « mal comprenant »

Visiblement, il n'a rien compris à ce que vous vouliez dire. Sa question le prouve.

Ne le vexez pas en lui répondant du tac au tac : « Mais, c'est exactement ce que je viens de dire ! » Rappelez-vous que dans la communication, l'émetteur est responsable de la bonne compréhension du message.

Votre « mal comprenant » n'est pas nécessairement stupide, c'est peut-être vous qui n'avez pas été très clair. Reprenez ce que vous venez de dire en utilisant d'autres mots.

L'endormi

Votre discours est soporifique ou il a un retard de sommeil ! Quelle qu'en soit la raison, il somnole doucement sur sa chaise.

La meilleure des parades dans ce cas est encore la prévention. On peut dynamiser son discours en prenant quelques précautions (voir ci-dessus).

Si le mal est fait et qu'un des participants s'endort, on peut le réveiller en douceur en le regardant fréquemment et le sollicitant pour qu'il donne son point de vue.

Et puis après tout, pourquoi ne pas le laisser dormir tranquillement ?

Le petit malin

Il essaie de faire rire à vos dépens. Il commente tout haut ce que vous dites, déforme vos propos, ricane avec ses voisins.

Ne vous laissez pas perturber pour autant. Gardez votre calme et répondez avec humour. Essayez de mettre les rieurs de votre côté.

Si son comportement est vraiment flagrant et délibéré, vous ne pouvez pas l'ignorer. Les autres participants ne comprendraient pas que vous n'interveniez pas. Demandez-lui la raison de son comportement : « Pouvez-vous nous dire ce qui se passe ? » Au besoin, remettez-le à sa place en le rappelant à la courtoisie.

Le sceptique

Il est blasé et revenu de tout. Sa devise : « On a déjà essayé ! » ou « Si ça marchait, ça se saurait ! » Sa question montre clairement que vous ne l'avez pas convaincu.

Inutile d'essayer de le persuader. Rien de ce que vous pourrez dire ne le convaincra. C'est chez lui une question de principe. Retournez-lui simplement et calmement ses questions : « Bonne question. Et quelle solution préconisez-vous ? »

L'opposant

Il n'est pas d'accord avec vous et tient à le faire savoir avec véhémence.

Il est probable qu'il attend de vous que vous répliquiez d'une manière agressive. Ne le laissez pas vous entraîner dans cette escalade. Rappelez-vous que la salle prendra toujours fait et cause pour l'agressé. Donc, ne répondez pas à l'agression par l'agression. Quelles que soient la question et l'attitude de l'opposant, gardez votre sang-froid.

Faites preuve d'empathie vis-à-vis de lui. « Oui, je comprends bien ce que vous me dites... » et rappelez vos arguments ! S'il insiste, rappelez le timing et la nécessité d'avancer.

L'expert

C'est lui qui détient la vérité. Attention, cela peut être le cas ! Forcément, votre intervention le choque douloureusement !

Il est préférable de le valoriser plutôt que de s'en faire un ennemi. Donnez-lui brièvement la parole. Reprenez certaines de ses affirmations : « Comme M. X le disait... » Attention, n'en faites pas trop non plus. S'il insiste, rappelez là aussi le timing et la nécessité d'avancer.

Dix erreurs à éviter pour une prise de parole réussie

1. Préparer un maximum de transparents bourrés d'informations.
2. Rédiger entièrement son intervention.
3. Apprendre son texte par cœur et le réciter mécaniquement.
4. Porter des vêtements neufs dans lesquels vous vous sentez engoncé, ou des chaussures neuves qui vous font mal aux pieds.
5. Faire l'impasse sur l'introduction, rentrer directement dans la conférence sans se présenter, ni présenter le plan.
6. Employer un vocabulaire incompréhensible pour les participants.
7. Jouer avec son stylo ou un élastique ou un trombone.
8. Ne regarder qu'une partie de la salle.
9. Tourner le dos à la salle (pour lire ses transparents par exemple).
10. Lire ses transparents ou ses notes.

Conclusion

Les conseils prodigués dans cet ouvrage ont pour objectif de vous aider à mettre en valeur votre potentiel. Ils ne visent pas à vous transformer, à faire de vous une autre personne. Chacun de nous a son style et il est important de le respecter. Ce sont nos différences qui font tout l'intérêt de la communication. Vouloir améliorer sa communication orale ne doit pas nous transformer en robots tous semblables. Une expression originale et personnelle est un gage de succès.

Cela ne veut pas dire que bien communiquer est inné. C'est une compétence qui se travaille et se perfectionne. Nous sommes tous capables d'être de bons communicateurs.

Établir une communication durable et satisfaisante avec l'autre passe nécessairement par une démarche éthique et respectueuse. Efficacité et éthique vont de pair dans la communication. La manipulation peut certes réussir à court terme, mais respect de soi et respect de l'autre constituent un préalable indispensable à une relation sur le long terme.

Bibliographie

BARJOU (Bruno), *Vendre ses idées et ses projets,* ESF Éditeur, 2004.

BRETON (Philippe), *L'argumentation dans la communication,* La Découverte, 1996.

CHÉTOCHINE (Georges), *La vérité sur les gestes,* Eyrolles, 2007.

CILLIA (Carina de), MAINGRAUD (Sylvie), PINEAULT (Richard), *Mieux communiquer en entreprise grâce à l'impro théâtrale,* ESF Éditeur, 2006.

COUZON (Elisabeth), DORN (Françoise), *Soyez un stressé heureux,* ESF Éditeur, 2003.

COUZON (Elisabeth), NICOULAUD (Agnès), *S'estimer pour réussir,* ESF Éditeur, 2004.

DIRIDOLLOU (Bernard), *Réussir vos entretiens professionnels,* ESF Éditeur, 2005.

GAUDUCHEAU (Isabelle), *Prendre la parole en public,* Ellipses, 2004.

HÉLIAS (Pierre-Jakez), *Le cheval d'orgueil,* Pocket, 1975.

JOUAS (Muriel), *S'affirmer,* Eyrolles, 2008.

LAINE (Catherine), ROY (Etienne), *Du bon usage des émotions au travail,* ESF Éditeur, 2004.

MOINE (Jean-François), COLOMBO (Josette), *Communiquer en situation de crise,* ESF Éditeur, 2002.

MOINE (Jean-François), COLOMBO (Josette), *Réussir ses interventions en public,* ESF Éditeur, 2005.

Taupin (Agnès), Guidez (Claude), *Présentez avec succès vos documents,* Éditions Nathan, 2004.

Prutianu (Stefan), *Communication et négociation dans les affaires*

Werber (Bernard), *L'encyclopédie du savoir relatif et absolu,* Livre de Poche, 2000.

www.ingramcontent.com/pod-product-compliance
Lightning Source LLC
Chambersburg PA
CBHW071844200326
41519CB00016B/4224